情感
究竟是什麼？

情感
究竟是什麼？

情感 究竟是什麼？

情感

究竟是什麼？

情感

究竟是什麼？

從現代科學來解開
情感機制
與障礙的謎底

感情とはそもそも何なのか…
現代科学で読み解く感情のしくみと障害

乾敏郎———著
李其融———譯

大眾心理館 A3361

情感究竟是什麼？
從現代科學來解開情感機制與障礙的謎底

作　　者／乾敏郎
譯　　者／李其融

副總編輯／陳莉苓
封面設計／江儀玲
行　　銷／陳苑如
排　　版／陳佩君

發行人／王榮文
出版發行／遠流出版事業股份有限公司
100 臺北市南昌路二段 81 號 6 樓
郵撥／ 0189456-1
電話／ 2392-6899　傳真／ 2392-6658
著作權顧問／蕭雄淋律師

2020 年 4 月 1 日　初版一刷
售價新台幣 320 元（缺頁或破損的書，請寄回更換）
有著作權 • 侵害必究　Printed in Taiwan

ylib 遠流博識網
http://www.ylib.com
e-mail:ylib@ylib.com

《大眾心理學全集》
出版緣起

王榮文

一九八四年，在當時一般讀者眼中，心理學還不是一個日常生活的閱讀類型，它只是學院門牆內一個神祕的學科，就在歐威爾立下預言的一九八四年，我們大膽推出《大眾心理學全集》的系列叢書，企圖雄大地編輯各種心理學普及讀物，迄今已出版達二百種。

《大眾心理學全集》的出版，立刻就在臺灣、香港得到旋風式的歡迎，翌年，論者更以「大眾心理學現象」為名，對這個社會反應多所論列。這個閱讀現象，一方面使遠流出版公司後來與大眾心理學有著密不可分的聯結印象，一方面也解釋了臺灣社會在群體生活日趨複雜的背景下，人們如何透過心理學知識掌握發展的自我改良動機。

但十年過去，時代變了，出版任務也變了。儘管心理學的閱讀需求持續不衰，我們仍要虛心探問：今日中文世界讀者所要的心理學書籍，有沒有另一層次的發展？

在我們的想法裡，「大眾心理學」一詞其實包含了兩個內容：一是「心理學」，指出叢書的範圍，但我們採取了更寬廣的解釋，不僅包括西方學術主流的各種心理科學，也包括規範性的東方心性之學。二是「大眾」，我們用它來描述這個叢書的「閱讀介面」，大眾，是一種語調，也是一種承諾（一種想為「共通讀者」服務的承諾）。

經過三十年和三百多種書，我們發現這兩個概念禁得起考驗，甚至看來加倍清晰。但叢書要打交道的讀者組成變了，叢書內容取擇的理念也變了。

從讀者面來說，如今我們面對的讀者更加廣大，也更加精細（sophisticated）；這個叢書同時要了解高度都市化的香港、日趨多元的臺灣以及面臨巨大社會衝擊的中國沿海城市，顯然編輯工作是需要梳理更多更細微的層次，以滿足不同的社會情境。

從內容面來說，過去《大眾心理學全集》強調建立「自助諮詢系統」，並揭櫫「每冊都解決一個或幾個你面臨的問題」。如今「實用」這個概念必須有新的態度，一切知識終極都是實用的，而一切實用的卻都是有限的。這個叢書將在未來，使「實用的」能夠與時俱進（update），卻要容納更多「知識的」，使讀者可以在自身得到解決問題的力量。新的承諾因而改寫為「每冊都包含你可以面對一切問題的根本知識」。

在自助諮詢系統的建立，在編輯組織與學界連繫，我們更將求深、求廣，不改初衷。

　　這些想法，不一定明顯的表現在「新叢書」的外在，但它是編輯人與出版人的內在更新，叢書的精神也因而有了階段性的反省與更新，從更長的時間裡，請看我們的努力。

精緻解析情感運作的完整圖像

鄭谷苑

　　自從 2018 年 9 月看到當時剛出版的《情感究竟是什麼》，就因為它討論的主題、切入的角度、和引用的資料，深深以為是一本值得推薦的好書。

　　這本書討論「情感」。坊間有關「情緒」的書很多，但是討論「情感」的書，相對的就很少了。討論情緒的書籍，從發展的、臨床的、大腦情緒迴路如何運作、情緒管理、正念心理學等各種角度來討論。讀者們可能對此也不陌生。但這本書談的情感。作者認為情緒「是指個體在接受外界刺激或回想內在記憶時伴隨而來的生理反應。因此，這是能被他人觀察或觀測的。相對的，情感是隨著情緒的產生引起的主觀意識體驗。」因為是主觀意識的體驗，不是單純的，客觀的生理反應，所以了解大腦中哪些機制，透過整合，平衡，回饋的互動，讓個體可以快速產生自身的情感，或是了解別人的情感，在特殊狀況下，會造成情感的障礙，這就是一個非常複雜而有趣的問題了。

問題很複雜，要如何才能讓讀者理解呢？本書作者乾敏郎教授善用了心理學和腦科學中，重要而基礎的研究，以此為底，將原本複雜的議題清晰的呈現給讀者。例如，他在第一章中，要說明情感的基本運作，就從心理學家熟知色彩知覺模型來討論。第三章中，要解釋情感的推論和風險評估歷程，就以「愛荷華賭局作業」來說明。人類的學習，何時最有效呢？材料太簡單，我們學不到什麼東西。相反的，如果材料太艱深，那相關訊息就根本無法被接收。最好的學習，往往是根據讀者已知的內容，有結構的編入難度稍高的新知，這樣最有效。本書就用這樣的做法，由已知，帶你進入新知，由簡單的現象，帶你進入人類大腦複雜的互動和維持平衡的系統。透過這樣的內容編織，讀完本書，我們能在腦中建構起一個對情感如何運作的完整圖像。也就能回答本書作者所提出的問題，「情感是什麼？」

　　作者乾敏郎教授兼具研究者、作者、翻譯者、科普推廣者的身份。他專精於語言與非語言的溝通機制，還有各種溝通障礙的研究。從本書我們也可以看到他多年研究和教學的功力所在。例如，作者用「酬賞系統」來解釋情感。他說，這是一個「賦予價值」的系統，真是一點也不錯。酬賞系統在心理學很多重要的現象上，例如成癮問題，扮演關鍵的角色。作者以賦予價值的觀點，把生理，行為，情感感受，條理分明的結合起來。

作者以這樣架構的來談情感並不令人意外。他多年來的著作或研究的核心，都在討論從演化的最初點，大腦本是一個感覺－動作的器官，這樣的器官如何讓我們能在極度複雜的環境中生存、發展、茁壯。「大腦是一個感覺－動作器官」的意思是，我們透過大腦接收外在訊息（感覺），並且產生最佳的反應（動作）。大腦的這個「感覺－動作」的基本設定，卻讓人類能夠執行學習、抽象思辨、適應等等複雜的認知功能。

在這樣的哲學架構下，本書利用四個部分來了解人的情緒從何而來，情緒障礙又是如何產生？第一章討論情感如何被創造出來。第二章講情感與推論的機制，包括和鏡像神經元有關的「類我系統」，還有記憶，決策，與疼痛的關係。第三章用推論歷程中的「預測誤差」來討論憂鬱症、焦慮症等各種情感障礙。第四章，先解釋多層的大腦結構，再以自由能原理，來解讀情感、知覺，和運動之間的關係，並且以情感歷程來說明催眠、冥想等相關現象。

這本書談情感，卻不只是談情感。作者精緻的把生理、演化、行為、思想、人和環境的關係，統整在一個和諧的架構之下。這是一本寫給對心理學、對情感研究、對腦科學的知識有興趣的讀者或研究者看的書。每位讀者或許因為自身的領域，對不同的內容（像是數學公式、生理名詞）有不同的親近感。然而，每一章最後，都把整章的概念做一個統整，也是本書令我喜愛的一個原因。

感覺不到的自己

白明奇

2020 年春天，新冠病毒肺炎來襲，引發全球恐慌，有人輕鬆自在，有人焦慮不已；有人漠然以對，有人驚慌失眠。面對同一個外來事件，為何人們的反應如此不同？有人說一樣米養百樣人；也有人說是難以了解的自我。

自我，一直是哲學家、宗教家、心理學家很想了解透徹的主題，然而直到今天，這個名詞被了解的程度還是相當有限。被列為科學三大芒刺的意識、自由意志與價值觀，顯然都與自我有關。

了解自我才有可能知道為何生氣？為何動怒？為何悲傷？為何感動？為何害怕？然而，了解之後，並不保證能控制所有的情緒，完全控制情緒也不見得是件好事。

情緒是難以捉摸的，因為生物體不斷接受外來的刺激，有些刺激超過閾值直接引發生物體的反應，有些則是喚起生物體的深層記憶（過去自我），經過壓抑與促發的加減過程導出行為，有些過程可以被生物體察覺，更多則是感覺不到、默默地兀自操

作。這好像是無法被察覺的自我操控著表面的自我。

自我有好幾個，了解自我不是一件容易的事情。

有一個是動物自我。從細胞、器官、系統到身體經歷千萬年演化、所帶來與生俱來的自我；基本上這是為了適應自然環境、為了存活所預備的自我，也是老祖宗所留下的恩典。

另外一個是過去的自我。人們從呱呱落地、或許從待在子宮業已開始，累積各式各樣挑戰與人生遭遇帶來的情緒反應；換言之，過去的自我點點滴滴地形塑出今天的自我。

還有一個是生理異常或病態的自我。由於細胞病變導致神經傳導物質（例如血清素、乙醯膽鹼、朵巴胺等）質與量的增減，干擾了神經網路，超乎為了因應環境需求或非常情境的生理反應，進而引發憂鬱、焦慮、妄想、自主神經系統失調等疾病，許多人深受其苦。

原著作者乾 敏郎教授的這本《情感究竟是什麼》的書，說實話有點難，雖然如此，本書對於稍具生物與生理基礎的讀者而言，有助於了解人們行為背後的祕密以及情感的生理基礎。

所謂理智的自己，是過去的自己靠著知識、人生經驗、聽從別人的勸導等等，表現出當下的自己，並做出行為。極端的行為學派追隨信徒卻認為，所有行為都來自環境情境的誘發與過去經驗的連結，行為者沒有自主的可能。

理智的讀者們，歡迎來挑戰這本書。

　　本文作者是神經科醫師、心理學博士，目前是成大醫學院神經學教授、成大老年學研究所所長、大台南熱蘭遮失智症協會理事長。多年來陸續於健康世界、中國時報、遠見雜誌、康健雜誌、健康 2.0 等，以專欄型式介紹失智症與行為神經學。著有《忘川流域：失智症船歌》、《彩虹氣球：失智症天空》及《松鼠之家：失智症大地》（遠流出版）。本文作者也是 2017 年全國好人好事代表「八德獎」得主。

千古一問：情是何物？

佛光大學心理學系教授 林文瑛

　　坊間多少演講，多少書本都在告訴我們該如何調適自己的心情，當我們心情不好的時候，我們都知道藉由音樂、電影、好朋友、爬山、靜坐等等，會讓自己心情好轉。但是對於自己的心情是怎麼來的，心情的轉換是如何發生的，我們又有多少了解？為什麼與眾人高喊：「我是最棒的！」可以增加信心？洗把臉，可以冷靜情緒？泡個熱水澡，可以紓壓？對著鏡子微笑，可以心情變好？

　　《情感究竟是什麼？從現代科學來解開情感機制與障礙的謎底》是乾 敏郎教授 2018 年的新書。乾 敏郎教授獲得許多學術獎項，出過多本科普書，是兼具工電學、腦科學背景的認知神經心理學家，嘗試以 Karl Friston 的自由能原理（Free Energy Principle, FEP），從最新科學的角度，以簡明易懂的圖表，說明「大腦如何理解與調節自己體內的生理狀態」，不僅解釋憂鬱症、發展障礙之類的情緒障礙，也分析情緒調節、冥想和催眠能維持健康的機制，更重要的，是讓我們瞭解，我們能夠自我調節情感，以維持身心平衡與健康。

沉浸詩詞，我們能夠體會「曾經桑海難為水，除卻巫山不是雲」的感情，也能理解「婚前山盟海誓婚後絕情義」的感情變化，但是，我們卻很難預測，更難解釋這一切的感情是如何發生的。人無法直接知道客觀事實，只能藉由感覺器官（眼、耳、鼻、舌、身）所感受的訊息，以及伴隨而來的生理反應（例如，體溫，呼吸、心跳、瞳孔、淚腺、汗腺等）去進行對客觀外在世界的理解，從而產生主觀意識體驗（例如，生氣、恐懼、厭惡、悲傷、快樂等）。換言之，我們常常必須藉由自己內部的生理反應來解釋從感覺系統獲得的外來訊息，進行對外在客觀世界的想像和推理。這一切是如何發生的？

　　例如說，當我們害怕去跟心儀的異性講話，害怕去連絡一再拒絕自己的客戶時，究竟害怕的感覺是怎麼來的？可能是大腦對陌生人物的想像，或者根據經驗的推理，但也可能是大腦對我們自己心跳加快的解讀。再例如說，我們都知道克服恐懼需要勇氣，但勇氣要如何產生？書中道理能讓人轉念奮起；家人親情能讓人鬥志百倍；青春記憶能讓人熱血沸騰。從恐懼到自信，客觀事物、外在情境沒有改變，主觀感情卻可以因為內在想法的改變，或是新刺激的出現而有鮮明卻又難以解釋的感情變化。這一切究竟是如何發生的？

　　儘管科技的進步已經使得我們能夠觀察到憂鬱症病人的腦部，然而，究竟大腦根據甚麼來進行對客觀事物，以及對自己身心狀態的想像與推理？而這些想像與推理又受甚麼樣的內在生理

訊息與外部刺激型態的影響？我們目前對感情的瞭解儘管已經不少，卻還都是屬於知其然而不知其所以然的層次，我們最欠缺的就是說明情感機制的理論。這本書介紹了很多關於情感的最新研究與探索，讓我們瞭解，不只是大腦對於知覺的無意識認知重要，大腦對於我們自己生理現象的主觀推論也很重要。這種統整性的觀點不僅對於現代心理學者很有啟發，對於醫學、哲學、教育領域的讀者應該也有很大的吸引力。

解開人類情感之謎，
給心理學家的戰帖與情書

佛光大學心理系 助理教授 游勝翔

2015 年美國皮克斯公司製作的動畫電影 Inside Out（中譯：腦筋急轉彎）席捲全球，共獲約 8.57 億美元的票房收入，並獲得該年奧斯卡獎最佳動畫片。片中為喜、怒、憂、懼等情緒賦予具體形象，不同情緒角色活靈活現地居住在人類大腦的中控室工作、互動、合作，決定主人翁的主觀感受與思考，讓主人翁得以適應嶄新的環境，擁有更豐富的情感生活。姑且不討論是否所有心理學家都能同意片中對於人類情緒功能的簡化設定，此電影的成功之處在於以通俗易懂的方式讓觀眾接受與理解，原來「腦中有情」，大腦是掌管情緒的器官。

人類大腦的構造與功能（如本書所提到的鏡向神經元），賦予我們對於他人在面對新環境時的焦慮、缺乏朋友時的寂寞、親人關懷帶來的安心……能夠感同身受的能力，讓我們能夠理解與享受電影主角的情緒起伏。同樣的情感功能也讓我們能有效與人溝通、察言觀色、趨吉避凶。然而，卻也有為數不少的人深受情感所苦，甚至並診斷成某種情感性的精神疾病。他們可能難以

理解與表達情感，或是他們陷入自身的情緒泥沼中，停滯難行、耗損美好的生命。筆者的教學與臨床工作上，經常有學生或個案對我發問：到底情感是什麼？究竟情感是好事還是壞事？我有這些情緒感受是正常的嗎？我要如何掌控自己的情感呢？⋯⋯這些問題如此貼近你我的生活，在每個片刻裡，我們都處於某些情感狀態之下，我們都仰賴情緒與記憶的緊密結合，讓我們的心靈得以維繫與前進。人類的情感，不僅是學術研究的熱門議題，更是實用的知識。雖然心理學家們已經累積大量的理論與研究發現，但就掌握人類情感之謎的宏大願景來說，目前所知的實在遠遠不足。今日的人們，渴望知道更多。

透過本書，讓我們得以一窺日本科學家如何運用科學方法抽絲剝繭，從不同面向探索人類情感之謎，標示出目前最新的進展，也激發出你我對於「世間情為何物」的更多好奇與探問。

推薦語

　　情緒像團迷霧，人人都知道它，卻少有人真的理解它。本書帶領大眾深入情緒之謎，從當代研究中整理出清楚的梗概。從入門到進階，讀者都能從本書中找到自己需要的情緒知識。理解迷霧的來龍去脈，將使我們不再懼怕迷霧。

臨床心理師 蘇益賢

前言

本書的主題，就是在回答情感究竟是什麼的這項疑問。以憂鬱症為首的多項情感障礙（情緒障礙），已經儼然成為今日的社會問題。但是，若要深入探討關於情感障礙的問題，就必須先明確定義情感究竟是什麼。至今為止，關於情感的研究早已受到多方探討，累積了眾多的數據資料。然而，就連我在思考情感究竟是什麼時，也遲遲看不到能邁向解答的跡象。

不用我多說，科學的目的並非是收集資料。如同哲學家恩斯特・馬赫所言，科學的目的必須是對事實做出最單純的說明。之所以無法解開疑問，是因為過往以來都沒有人建立起詮釋情感這種東西的思維框架（托馬斯・庫恩將此稱作範式）。然而，最近有一項試圖詮釋情感等腦部的多項功能的大一統理論開始受到提倡。那就是稱作「自由能原理」的理論。這項理論主張，人類或動物的腦部會試圖讓亥姆霍茲的自由能最小化而運作，藉此讓知覺、認知、注意、運動等功能得以恰如其分地發揮功能。研究者大約在距今五年之前指出，透過這項自由能原理，便能夠完美地掌握情感與情感障礙的機制。本書將奠基於這項全新的理論，思考情感究竟是什麼。

我們常聽到形容一個人頭腦、心靈與身體四分五裂，缺乏連結的說法。這究竟是怎麼一回事呢？若要理解情感是什麼，最重要的關鍵就是能夠了解自己身體狀態的腦部功能。也就是說，惟有頭腦、身體與心靈相互連結，才能夠擁有健全的情感。有鑑於此，本書將盡可能淺顯易懂地說明「腦部理解身體狀態的機制」（稱作亥姆霍茲的無意識推論的功能）與「腦部巧妙地調節身體的機制」（稱作弗里斯頓的主動推論的功能）。接著，我們的最終目標，是透過科學的觀點理解，情感是透過對無時無刻都在變化的身體狀態及環境（狀況）的理解之中孕育而生的。

本書後半將探討當這些機能無法順利運作時，會造成的各式各樣情感障礙的機制。接著，我們也會提及用來維持心靈與身體健康（即是所謂的 well-being 狀態）的情感調整、冥想、催眠等機制。

乾　敏郎

2017 年 12 月 31 日

情感 究竟是什麼？

從現代科學來解開情感機制與障礙的謎底

第 I 章

孕育情感的機制

第 II 章 ————————————
情感與推論的機制

第 III 章 ────────────
情感障礙的機制

第 IV 章 ——————————
透過自由能原理來理解
情感、知覺與運動

第 I 章

孕育情感的機制

I-1. 情感的科學

多彩的情感

我們在生活之中，總是日復一日地經歷著快樂、悲傷等情感。另外，當回想起過去的記憶時，情感通常都會伴隨那些回憶而來。直觀來看，情感應是決定行為的重要關鍵。除此之外，如同我們必須避開某些事件，又有某些事件則是不惜努力也想獲得，可見情感也和事件的價值有所關聯。正因為任誰都擁有情感，或許有許多人從未思索過情感究竟是如何在腦中創造出來的。

但是與此同時，近年來與日俱增的情感障礙患者開始受到矚目，使創造情感的機制與失去健全情感所代表的意義，變成了值得思考的重要議題。

本書將面對這些疑問，用科學的角度來探索情感。首先，讓我們來思考，我們所經歷的各式情感，究竟能用什麼樣的特徵來呈現。通常，心理學所用的方法，便是先決定出情感的種類，並從中挑出成對的情感，測量彼此間的相似程度（距離有多近）、相異程度（距離有多遠）。用這項方法測量所有配對，並調查能用多少維度來記述彼此間的距離即可。研究者依照情感種類的不同，分別提出了三維與二維的模型，而下述的基礎研究，多是使用後者的二維模型。

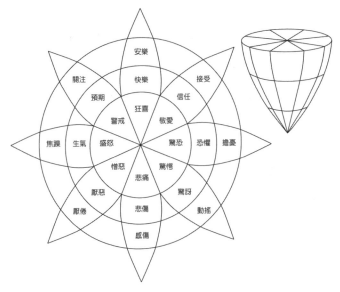

圖 I-1 人類共同具備的情感

人類共同具備的情感

　　圖 I-1 是由普拉奇克提出的情感三維模型。該圖是右方圓錐形的展開圖，描繪出各式各樣的情感（Plutchik, 2001）。比方說，只要朝驚恐的外圍望去，就會依序看到恐懼、擔憂，情感的強度會隨之下降。其他的「驚愕、驚訝、動搖」或「悲痛、悲傷、感傷」亦是同理。而順著同心圓圈移動時，情感的強度則幾乎一致，其中描繪的是不同種類的情感。這就相當於描述色彩時所使用的色相環。普拉奇克將基本情感分為生氣、厭惡、悲傷、驚訝、恐懼、信任、快樂、預期這八項種類。而就像相反色

表 I-1 基本情感

基本六情感		幸福、驚訝、恐懼、厭惡、生氣、悲傷
Barrett 等人 (2001)	正面情感	幸福、喜悅、熱情、快樂
	負面情感	神經質、生氣、悲傷、羞恥、罪惡感

一般，反方向的情感分別由快樂與悲傷、預期與驚訝、厭惡與信任、生氣與恐懼所組成，兩兩成對。在心理學之中，我們認為表 I-1 之中的幸福、驚訝、恐懼、厭惡、生氣、悲傷，是人類共同的特徵，並稱這六項情感為基本情感。不同的研究者所採用的情感也是形形色色。比方說，巴瑞特等人所採用的，就是表 I-1 下方的九種情感（Barrett et al., 2001）。在早期的情感研究之中，就連是否能稱得上情感或情緒的界線都模糊不清。說得極端一點，當時幾乎任何事物都能稱作情感與情緒。但是，這樣的情況也讓科學研究難以有所進展。

不過，我們早已將腦內的顏色處理機制理解透徹。色彩的真面目就是經過處理的光譜，而光譜（色彩）則像彩虹一般具有連續性的變化。我們則是將它們分別歸類，取名為紅色、藍色、黃色等等。原本這種界線並不存在，然而光譜會在腦內受到轉換，呈現出明度、彩度與色相這三種屬性。也就是說，色彩是分布於由這三種屬性所構成的三維空間，而這個空間之中並沒有顏色種類的界線。

相同地，我們不認為情感會在腦內以個別種類的形式呈現，

亦不認為不同情感會以任何形式分別與實質腦區具相對應的關聯。情感也是沒有種類的區別，是透過數種屬性而呈現出來，讓我們得以進行主觀性的類別化。

　　羅素與巴瑞特的想法，便是情感應能透過如明度或色相等共同的屬性來呈現（Russell & Barrett, 1999）（圖 I-2）。他們認為情感是透過情感效價（emotional valence）與喚醒程度（arousal level）這兩項屬性來呈現，也就是這兩者的組合能夠創造出一種情感的概念，並將其稱作核心情感（core affect）。

　　核心情感能用快—不快（情感效價）、活性—非活性（喚醒程度）的兩軸來呈現。圖中情感之間的距離，代表感受到的情感有多接近。此外，圓周所顯示的，則是各情感與六種基本情感之間的關係。

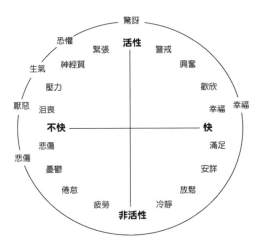

圖 I-2 Russell& Barrett (1999) 的二維模型

↑ point 1 　情感能用二維的形式來呈現。

　　路易斯將情感的分化及發展的流程統整為圖 I-3。該圖顯示，我們會在出生後的半年以內獲得與前述六種基本情感相對應的情感（Lewis, 2000）。另外，在我們開始具備自我意識與與內省能力之後，便會萌生出困窘、羨慕、同理心等更高階的情感。

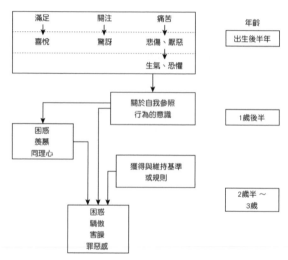

圖 I-3　Lewis（2000）情感的分化及發展的流程

情感與情緒的差異

　　本書所敘述的情感與情緒，分別具有不同的意義。所謂的情緒，是指個體在接受外界刺激或回想內在記憶時伴隨而來的生理反應。因此，這是能被他人觀察或觀測的。相對的，情感是隨著情緒的產生引起的主觀意識體驗。因此，一般認為這基本上是只

有本人才知道的經驗。上述這些用語,是依照達馬西奧的觀點作出的定義(Damasio, 1999)。本書最大的目的,就是要釐清創造出情感這項主觀意識體驗的機制,並同時思考情感障礙的機制。接下來本書將要講解,身體的生理反應,便是孕育出情感的主要因素之一。另外,當我們無法依據上述生理反應維持正常的情感時,就代表我們無法順利掌握自身的身體狀態。我們會在後續的內容中詳細討論這點。

首先,我們會先在這裡瞧瞧,身體會針對各種不同的情感產生什麼樣的生理反應。

↑ point 2 　情緒是生理反應,情感則是伴隨情緒而來的
　　　　　　　主觀意識體驗。

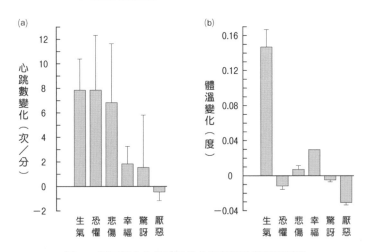

圖 I-4　經歷基本六情感時的心跳數變化與體溫變化

出處:引用自 Ekman et al. (1983)

隨著情感而改變的身體

　　圖 I-4 所呈現的是心跳數與體溫在六種基本情感狀態下的變化。在感到生氣、恐懼、悲傷時心跳會上升；生氣、幸福時體溫會上升；厭惡時體溫則會下降。換個角度來看，生氣會使兩項指標上升；恐懼會使心跳數上升、但體溫反而會下降；悲傷會使心跳數上升、體溫則是也些許上升；厭惡會使兩項指標下降。這樣看來，光是看這兩項生理指標，也能大致分辨出六種基本情感。而且，依照情感的不同，就連血壓、心跳數、呼吸數、荷爾蒙的分泌量也會有所變化（表 1-2）。此外，還有一些變化是能透過

表 I-2　情緒在悲傷與恐懼時產生的變化

悲傷	血壓上升 心律不整 呼吸數減少 分泌淚水 臉部肌肉呈現悲傷表情
恐懼	心跳數及呼吸數增加 分泌皮質醇及腎上腺素 血流之再分佈 痛覺消失 臉部肌肉呈現恐懼表情 將注意集中於知覺到的威脅

出處：引用自 Damasio & Carvalho (2013)

外在觀察而得知的（表 1-3）。就像這樣，我們可以得知，各種
情感都會分別產生其特有的生理變化。也就是說，依照上一節所
述的達馬西奧的定義，這種現象就是情緒的變化。那麼，情緒的
變化又是透過什麼樣的機制而產生的呢？

表 1-3 伴隨情感而來的外觀變化及生理反應

情感	生理反應
生氣	血液擴張（紅色化、血管膨脹）、收縮性增加（紅色化） 唾液腺（起水泡） 豎毛肌（豎毛） 瞳孔（收縮） 眼瞼肌（瞪大眼睛）
恐懼	血管收縮（臉色發青） 汗腺（出汗） 豎毛肌（豎毛） 瞳孔（放大） 眼瞼肌（瞪大眼睛）
困惑	血液擴張（紅潮化）
厭惡	唾液腺（唾液、流涎）
悲傷	淚腺（流淚）
性興奮	黏膜液（潤滑） 血管擴張（生殖勃起） 眼瞼肌（眼瞼下垂）
幸福	眼輪匝肌的收縮＋淚腺（眨眼）

出處：整理並改編自 Levenson (2003)

I-2. 情感與身體

使身體狀態維持穩定的機制

先前介紹的伴隨情感而來的生理反應，主要是由自律神經系統所支配。我們能將神經系統分為三大種類。它們分別為感覺神經、運動神經與自律神經。自律神經系統控制循環、呼吸、消化、排汗及體溫調節、內分泌功能、生殖功能，以及代謝等非自主（involuntary）的功能。自律神經系統是由交感神經系統與副交感神經系統所構成的。

交感神經系統是讓身體更加活躍的系統，它能使心跳數增加、引發血壓上升，進而讓流至消化器官與皮膚的血液量減少。副交感神經則是與交感神經相互拮抗，帶來相反的功用。也就是說，它具有使心跳數降低、引發血壓下降、瞳孔收縮、增加流向消化管與皮膚的血流量、促進排尿功能的作用。從上述作用來看，我們能將交感神經比喻為油門，將副交感神經比喻為剎車。

表 I-4 自律神經控制的動器 (effector)

肝臟、脾臟、胃、小腸、胰臟、腎臟、大腸
心臟、血管、呼吸道、肺
瞳孔、淚腺、唾液腺
豎毛肌、汗腺
膀胱、生殖器

自律神經系統在和內分泌系統相互協調的同時，還會維持著下述的體內平衡（恆常性）的功能。

表 I-4 所顯示的，是自律神經中的交感神經系統與哪些器官相互連繫。副交感神經系統也具有類似的連結。

所謂的體內平衡（homeostasis），是即便外在環境（如氣溫）有所變化，也能讓體內環境維持在一定範圍之內的功能。這項功能是透過自律神經系統與內分泌系統而得以實現。比方說，即便氣溫降至 10 度，我們的體溫還是維持在 36 度左右，便是拜體內平衡的功能所賜。具體來說，透過負回饋控制機制的作用，這項功能便得以實現。

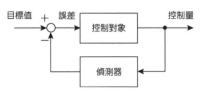

圖 I-5　負回饋機制 (negative feedback mechanism) 的概念圖

圖 1-5 是負回饋機制（negative feedback mechanism）的概念圖。此處我們假設目標值（例如體溫為 36 度）維持在一定程度。在這個情況下，體內平衡的控制對象是身體，而各式各樣的器官都會對此做出因應。實際的控制量便是各個時間點的實際體溫。它們會以某種型態的偵測器得知體溫狀態，進而讓體溫降低至目標值，而這便稱作負回饋。舉例來說，當控制量變為 37 度的情況下，由於它與目標值的誤差為 -1 度，這項機制便能對控

制對象下達降低 1 度的指示。我們身體具備多種這類型的回饋控制系統，拜此之賜，我們的生理狀態才能維持在一定程度。

　　順帶一提，透過控制系統的控制實際進行作業的部分稱作動器（effector）。像手與手臂便是透過腦部的控制系統進行控制的動器。至於在體溫調節的情形中，則是有出汗的汗腺、為防止體溫散失而收縮的皮膚血管等動器。另外，在寒冷時發抖的動作也算是廣義上的動器。體溫調節需要有檢測體溫的感受器（偵測器），因此皮膚之中存在著溫度感受器。另外，也有神經元與感受器相對應，它們存在於腦部中樞（下視丘）（圖 I-6）。

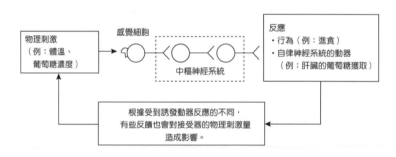

圖 I-6 由感受器—動器通路所組成的體內平衡模型
出處：引用自 Ramsay & Woods (2014)

　　圖 I-7 所呈現的，是當動物體內深處的體溫隨著兩項條件而有所變化時，各種不同的自律神經會如何做出對應。左方是身體週遭的氣溫升高的情況，右方則是身體發燒時的情況。週遭的氣溫一旦升高，我們就會如同 #5 所述，為了尋找涼爽的場所而引發移動的行為。與此同時，動器會如同 #2, #3 所述地啟動，試圖

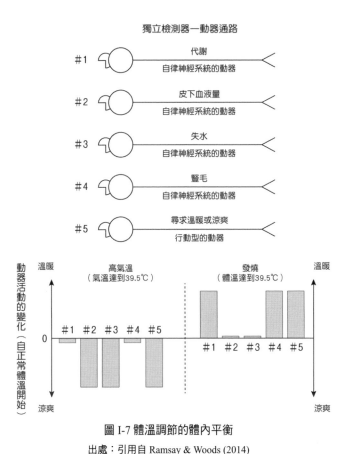

圖 I-7 體溫調節的體內平衡

出處：引用自 Ramsay & Woods (2014)

降低體溫。相對的，在發燒的情況下，我們就會如同 #5 所述，移動至溫暖的場所。此外，如同 #1, #4 所示，身體的代謝與豎毛功能也會在這個情況中受到激發。

⬆ point 3　自律神經是能自動控制內臟的運動神經。

為了適應環境，我們的生理狀態皆是由體內平衡的機制來進行調節。而這通常都是透過控制動器才得以實現。比方說，在需要調節氧氣多寡的情況下，受到控制的動器便會是呼吸器官。在此同時，血液中的氧氣濃度也會因此得以維持在安定的狀態（圖I-8）。此外，空腹感或飽足感等感覺是透過食物的攝取來進行調整，而我們也能將這些行為視為調節或維持體脂肪的貯藏量效果的動器（Ramsay & Woods, 2014）。但是，這類調節實際上是相當複雜的。如透過攝取食物，我們的血糖值與體溫都會上升。像這種單一動器的作用，也會造成其他因子的改變，其中具有非常複雜的關係，不容忽視。

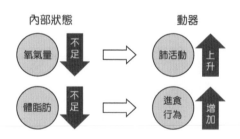

圖 I-8 內部狀態與動器的運作

能因應環境的身體調適能力

當身體內部的生理狀態超過體內平衡的設定範圍時，該項狀態就會受到駕馭，被修正至範圍之內。不僅如此，有時體內平衡還能透過更高階的腦區訊號，來進行事前的預測性控制。為了能夠存活，持續獲得與貯藏能量是不可或缺的。實際上，據說在

人類消耗的總能量之中，大約有 20% 是被用於腦部活動上。另外，若要自威脅或危險之中採取必要行為自保，就必須在消耗能量前就備有糖分、水、氧氣、電解質等成分。而為了達到這個目的，我們必須具備預測應保存的能量，並在事態發生之前便先備妥的功能。此外，在做出環境可能會有所變化的預測時，為了避免體內平衡在將來發生混亂，身體會先行變更體內平衡的恆定值（preset value）。為了因應環境變化，而事先準備身體狀態的現象，稱作身體調適（Allostasis）（圖 I-9）。透過身體調適的功能，便能調節免疫系統、內分泌系統、自律神經系統等活動。也就是說，身體調適的功能，就是為了避免未來可能發生的體內平衡異常，而進行預測性的狀態變化。

🔼 **point 4**　透過自律神經的訊號，便能進而控制內臟的活動或引發行為。

圖 I-9 身體調適的概念圖

　　舉例來說，當直接受到強烈陽光照射時，雖然體溫可能會立即上升，隨後甚至有可能會引發脫水症狀，但腦部會預測環境或

身體的變化，試圖避開這些危險狀態而變更恆定值。假如腦部做出會與敵對對象相遇的預測，就會針對荷爾蒙或心臟血管進行恆定值的變更。此外，腦部也會在發生脫水症狀前，引發喝水這項行為。由此可見，腦部總是進行著這項運用先驗知識進行預測、引發內臟狀態的改變、變更各種生理狀態，並透過預測性控制將因此而產生的感官資訊再度傳達至中樞（圖 I-10）。

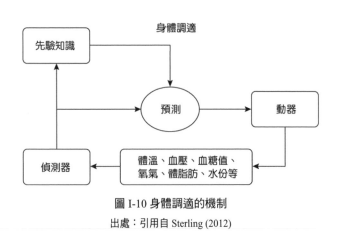

圖 I-10 身體調適的機制

出處：引用自 Sterling (2012)

◑ point 5 自律神經的功用，也包含將內臟的變化情形反饋至中樞。

　　如同上述，身體的生理狀態是由體內平衡與身體調適的機制所決定。雖然身體狀態是情感這項意識體驗的基礎，不過情感本身理應就是由腦部創造出來的。所以說，我們將在下一節具體說明創造出情感的機制。

I-3. 腦部創造情感的機制

理解自身身體究竟是什麼概念？

現在，請你放鬆身體並閉上雙眼，感受自己身體的感覺。這時感受到的主要身體感覺，便是內臟感覺。感覺能大致分為三種（表 I-5）。其中的外在感覺，是針對外界刺激的感覺，也就是所謂的五感。本體感覺則是指關節角度變化等運動感覺，以及透過前庭器官感受到的身體移動、回轉等平衡覺。至於內在感覺，指的則是內臟感覺，其中包含內臟痛、噁心、飽足、口渴、尿意、便意、性慾等等。順帶一提，內臟經由自律神經將訊號傳至腦部而產生的感覺，便是內臟感覺。

表 I-5 感覺的分類

外在感覺	視覺、聽覺、味覺、嗅覺、觸覺
本體感覺	肌肉、關節等運動感覺與前庭器官的平衡覺
內在感覺	內臟感覺

另一方面，在活動身體時，不僅是內臟感覺，手腳的身體感覺自然也很重要。以手腳的感覺為例，若是透過觀看得知活動的情形，我們所得到的便是視覺資訊，也就是外在感覺。但是，就算不去觀看，我們還是能夠得知自己的身體狀態。這是因為肌肉具有稱作本體感受器的偵測器，當肌肉一旦延展，它便會將延展

這項資訊傳達至腦部。這便是所謂的本體感覺。也就是說,當關節角度增加時,我們就能透過本體感覺感受到身體的變化。

　　確實理解自己的身體狀態,是形成「自我(self)」核心概念的重要條件。此外,若要維持健全的精神狀態,理解自己身體狀態也是非常重要的條件。用神經層級的概念來說,便是自己的腦部,要確實理解組成身體的各種臟器所輸出的神經反應。圖I-11 中寫有「預測」的文字,而我們將在 II-1.(第二章第一節)說明該項敘述的含意。

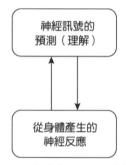

圖 I-11 理解身體狀態的機制

決定情感的兩項因素

　　情感是透過①腦部對通知內臟狀態的自律神經反應的理解,以及②**對該反應生成原因的推論**,這兩項因素所決定。這稱作情感二因論(圖 I-12)。我們將會在後續章節說明圖中所寫的預測的意思。

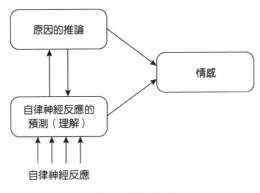

圖 I-12 情感二因論

　　一項由舒赫特與辛格透過使用腎上腺素（可稱作 adrenaline 或 epinephrine）進 行 的 實 驗 於 1962 發 表 於 世（Schachter & Singer, 1962）。腎上腺素具有興奮性的作用，而實驗參與者被分為注入腎上腺素的群組與注入生理食鹽水的群組。此外，注入腎上腺素的受試者又設有接受正確藥效說明、未接受藥效說明與接受錯誤藥效說明的群組。接下來，他們在受試者面前，刻意做出惹惱受試者的言行舉止，而接受正確藥效說明的受試者的生理興奮程度較低，沒接受說明或接受錯誤說明的受試者則是產生強烈的憤怒情感。這項事實顯示，「認知」這項引發情緒的原因，會對情感產生巨大的作用。

　　而且，達頓與艾朗的吊橋實驗也為二因論提供了佐證（Dutton & Aron, 1974）。他們在搭建於溪谷的搖晃吊橋與不會搖晃的吊橋兩地進行實驗。在兩處吊橋的中央，都有年輕女性向人搭話並徵求填寫問卷。此時她會向對方表示，若是對結果感興

趣就在日後來電，並留下電話號碼。結果，在不會搖晃的吊橋上
的人幾乎沒有來電，而在搖晃吊橋上的參與者則幾乎都會打電話
過來。這被解讀為待在搖晃吊橋上的緊張感，有可能與戀愛情感
有所關連。

也有透過腦造影技術為情感二因論模型進行驗證的實驗
（Critchley & Harrison, 2013b; Critchley et al., 2002）。由於這部
分需要一些腦區的知識，在這裡我們先會用「讓自我意識與情感
的腦部活動得以成立」的功用來敘述。

⬆ point 6 情感是由自律神經反應與推論出的原因而定。

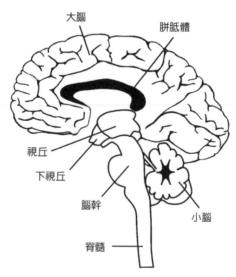

圖 I-13 中樞神經的模式圖

腦部的機制

大多自律神經是經由脊髓向各個內臟傳送訊號，然而，如同圖 I-13，大腦的下方存在著視丘、下視丘及小腦。此外，如同表 I-4 所示，自律神經系統在將來自於腦幹或脊髓的訊號傳送至各個內臟之時，還會接收來自內臟的反饋訊號並傳送至大腦。

一般認為，情感中樞是存在於大腦的某一部位之中。為了說明這個部位，接下來我們將介紹大腦的大略構造。圖 I-14 是從外部觀看大腦時的模樣，稱作外側面（lateral surface）。左方所對應的是額葉，右方對應的則是枕葉，可見該圖呈現的是左腦的外側面。圖中看似皺褶的線呈現出腦部的溝槽，也就是所謂的腦溝，而部分外側面也摺疊在其中。拜此之賜，儘管腦部的空間狹小，卻也能夠擁有廣大的表面積。

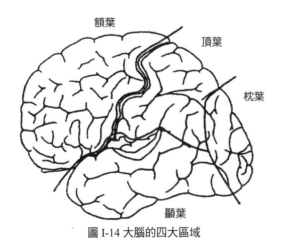

圖 I-14 大腦的四大區域

　　在距今一百年前，布洛德曼（Brodmann, 1908）根據腦部的神經迴路差異進行分區，並將各區域稱作區。順帶一提，這裡會以6區、45區的形式記述腦區，大致上每區都具有不同的功能。圖I-15（a）所呈現的是左腦的外側面。4區位於額葉的最後方，被稱作運動區。此處神經元的活動，能夠帶動身體產生運動。此外，11區是外側眼窩額葉皮質。

　　圖I-15（b）是額葉的內側面。我們將前扣帶迴（ACC）、內側眼窩額葉皮質與內側額極統稱為腹內側前額葉皮質。圖中央的黑色部分為胼胝體，而左腦與右腦便是藉由胼胝體相互進行連絡。

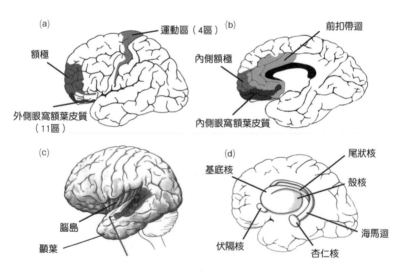

圖 I-15 布洛德曼的腦地圖

(a) 額葉外側面，(b) 腹內側前額葉，(c) 腦島，(d) 邊緣系統

出處：(c) 為引用自 Devensky & D'Esposito (2004)。(a)(b)(d) 為作者繪製

　　此外，如同所見，圖 I-15（c）的腦島被顳葉所遮掩。只要將顳葉稍微撥向跟前，便能看見腦島。

　　大腦皮質裡頭，也就是腦部深處之中存在著基底核、杏仁核、海馬迴等等（圖 I-15（d））。由於這些區域位於皮質之下，因此有時我們也會取其意，將它們稱作下皮質迴路。基底核是由紋狀體、蒼白球、黑質、視丘下核所構成。而有時我們也會稱尾狀核與殼核為背側紋狀體、並稱伏隔核為腹側紋狀體。

體內平衡的迴路

　　讓體內狀態維持在一定範圍之內的體內平衡，是透過下視丘、腦幹與脊髓的網絡系統建構而成的。而打造出體內平衡基礎的，便是自律神經系統與內分泌系統的功能。在承受到壓力時，訊號便會透過杏仁核傳送至下視丘，活化交感神經與內分泌系統。但追根究柢說來，那些訊號又是從何處而來的呢？如同先前所述，為了維持體內平衡，必須讓動器啟動。也就是說，運動控制訊號的輸出是不可或缺的。而進行輸出的部位，便是內臟運動皮質（尤其是前扣帶迴）。這項運動訊號，會讓控制自律神經、荷爾蒙、代謝與免疫系統的下皮質結構（杏仁核及下視丘）開始運作。雖然內側眼窩額葉皮質並沒有直接支配自律神經系統，但在這個情形下，它也會產生類似的訊號。這項差異非常重要，我們會在第 III 章的 III-5. 進行詳細敘述。另外，透過體內平衡而改

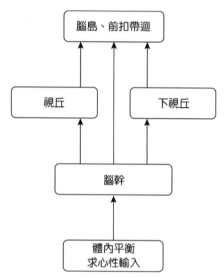

圖 I-16 體內平衡求心性輸入的動向

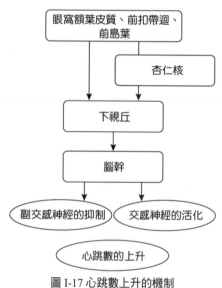

圖 I-17 心跳數上升的機制

出處：引用自 Thayer & Lane (2009)

變的內臟狀態資訊則是如同圖 I-16，會經由腦幹傳送至高階的神經中樞。這便是之後會介紹的內在訊號。

心跳數上升的機制

　　舉例來說，像決定接下來要奔跑、或是接下來必須在眾人面前演說等場面之中，藉由身體調適的功用，心跳數便有可能會在事前上升。一般認為，這類情形是如同圖 I-17，讓心跳數上升的訊號會從杏仁核、眼窩額葉皮質、扣帶迴、前島葉等高階的大腦皮質傳達至下視丘與腦幹，活化交感神經；與之相反，副交感神經則是受到抑制，進而讓心跳數上升。達馬西奧認為，誘發一連串與情緒相對應活動的情緒觸發部位，是腹內側前額葉皮質、杏仁核、腦幹與下視丘（Damasio, 1999）。另外，從杏仁核經由下視丘傳達至腦幹的訊號，會誘發與社會性相關的自律神經反應。也就是說，杏仁核會發出與情緒反應相關的指令。此外，我們已知杏仁核會接收從外界傳來的各類感官資訊，因此杏仁核可說是針對外界各種客體來誘發情感的部位。客體的資訊既包含直接從腦幹與視丘輸入、也包含途中經由顳葉輸入的資訊（參照圖 I-20）。此外，杏仁核也會對新穎的刺激產生強烈反應，還和掌管記憶的海馬迴有著密切關係，這也是情感會隨著記憶的喚起而油然而生的原因。

　　杏仁核與眼窩額葉皮質也是會在視覺顯示出客體後，產生短

期性的活動。另外，我們很久以前就知道杏仁核存在著許多會對臉部產生反應的神經元，因此一般認為針對臉部表情產生的自律神經反應是源自於杏仁核。比方說，心跳數會根據臉部表情而上升或下降。此外，我們會在看到臉孔時對他人進行各種屬性的推論，而大腦兩側的杏仁核受損的病患，在看到臉部時對於「接近性」及「信賴性」的判斷表現極糟，會做出讓任何人接近都沒問題的判斷（Adolphs et al., 1998）。

體內平衡與恆定值的變動

內臟的狀態會被調整至一開始訂下的恆定值或基準值。比方說，體溫不會受外在氣溫影響，而是會被調整至一定範圍之內。這是因為當產生誤差時，反饋控制便會試圖降低誤差並保持在一

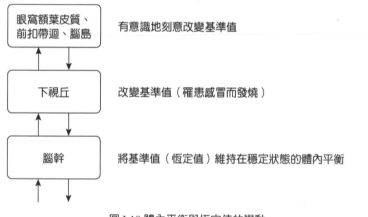

圖 I-18 體內平衡與恆定值的變動

定數值之間。

　　但是，根據狀況的不同，有時基準值必須有所變更。比方說，當細菌侵入體內時，體溫便會上升，而這便是透過下視丘這個上層中樞進行調整。而且，我們也能有意識地刻意改變這項基準值，而這是由眼窩額葉皮質與前扣帶迴（ACC）等高階腦區所實現的功效（圖 I-18）。

自我意識與讓情感得以成立的腦部活動

　　請留意在大腦皮質之中，腦島位於外側（外側皮質），扣帶迴則位於內側（內側皮質）。一般認為內在訊號（將內臟狀態傳達至腦部的訊號）會被輸入至腦島後部，而該訊號會被送往前方，並透過前島葉重新進行表達（Craig, 2009a, b：參照圖 III-1）。一般認為，透過這樣的重新表達，我們才能夠意識到擁有身體的自我。這種重新表達的流程只出現在人類身上，是沒有在猴子身上觀察到的現象。

　　一般認為，腦島屬於感覺皮質，而腦島 —— 尤其是前島葉 —— 能創造出主觀情感。右腦腦島的活動與能量消耗、喚起、迴避行為有所關連；另一方面，左腦腦島的活動則是與獲得能量，也就是基於食慾的行為或親和行為等能被概括為奠基於副交感神經作用的行為有關。已有部份研究顯示，有鑑於腦島是產生主觀情感的中樞，而這和情感二因論之間可能具有關連

（Critchley & Harrison, 2013b；Critchley et al., 2004）。實驗參加者有健康正常人與單純性自主神經衰結病患。單純性自主神經衰結是由於自律神經之神經細胞脫落而引起的疾患。此外，單純性自主神經衰結病患就算是在有必要的情況，心跳數與血壓仍是不會上升，也無法產生出汗反應等各種自律神經反應。也就是說，他們無法適當地調節身體狀態。此外，他們就算受到恐懼刺激也無法活化自律神經。

在實驗中，顯示臉孔的視覺刺激與帶來厭惡感的聲音會同時出現，讓臉孔的刺激形成恐懼制約。此外，研究者透過短時間顯示臉孔的視覺刺激（正確地說，是運用了遮蔽效應的實驗手法），創造出看得見與無法看見臉孔刺激的兩項條件。透過上述手法，便能透過遮蔽效應，操控有無自覺性意識的這項變因，藉此控制關於健康正常人與病患群組之間有無產生自律神經反應的組間差距情形。而結果顯示，在看得到臉孔刺激且產生健康正常人的自律神經反應模式時，右腦前島葉與中央腦島的活動會特別活躍，顯示這些部位可能負責統合有意識的評價與情緒的生理訊號。這項結果不僅支持情感二因論，更顯示腦島可能是主觀情感的中樞。此外，無論是否能看見刺激，健康正常人的杏仁核活動都較為活躍。

↑ point 7 前島葉的運作能使我們意識到擁有身體的自我。

邊緣皮質是位於胼胝體周遭的腦區。一般而言，新皮質的結

構共有六層，不過這些區域卻缺乏第四層，又或許是處於尚未發展的狀態。這正好和運動區（4 區）的結構相同。邊緣皮質包含扣帶迴、後眼窩額葉皮質、海馬旁迴與顳極。我們可以從扣帶迴具有與運動區相同的結構這點看出，扣帶迴亦屬於運動皮質。

腦與羅素－巴瑞特的環狀模型

羅素與巴瑞特認為核心情感能透過情感效價與喚醒程度這兩個維度來呈現，而我們則是為其中的小區域賦予某種情感的概念（Russell & Barrett, 1999）。威爾生與門登霍爾等人則是設計出各種具有不同情感效價與喚醒程度的情境故事，向實驗參加者朗誦並指示他們仔細想像出故事的具體意象（Wilson-Mendenhall et al., 2013）。實驗者讓實驗參加者針對與恐懼、幸福、悲傷的情感相對應的情感效價（即是快－不快）與喚醒程度進行主觀評

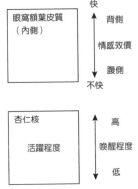

圖 I-19 Wilson—Mendenhall 等人的實驗結果

價，並調查當下的腦部活動。結果顯示，情感效價被映射到內側眼窩額葉皮質，而喚醒程度則是與杏仁核的活躍程度具有相關關係。具體來說，實驗釐清較高的情感效價會在內側眼窩額葉皮質的上方、較低的情感效價則會在下方受到編碼（圖I-19）。

重要的是，這些腦區就是存取身體狀態與外界狀態的關聯資訊的部位。也就是說，實驗顯示外界感官資訊與內在體內平衡（等內在資訊）的統合，有可能便是創造出豐富主觀經驗的原因。

內側眼窩額葉皮質會依據情感效價的高低，在對應區域進行編碼，而杏仁核則是以神經活動的活躍強度針對喚醒程度進行編碼。

I-4. 學習價值的機制

賦予價值的系統

　　人在從事某件事時，該客體的重要程度便是價值。而且，一般認為價值有很大的比例是取決於對該客體抱持的情感。雖然在某些情況情感也會不具對象，但在大多情況它仍是針對某種客體所抱持的感覺。一般認為，當對象是人的情形下，如孩童對老師所抱持的價值，便是「似乎會有什麼好事發生」或「似乎會受到責罵」等酬賞或懲罰（負向的酬賞）的預測。酬賞是指如達成某項課題，得到讚揚而感到高興之類的情感。而老師則必須設法讓學生產生「如果那個老師過來，就能得到正向的酬賞」的期待。從孩子的角度來看，這就是老師的價值，也能稱作預測酬賞。得到某件物品而感到高興、或認為似乎能賣到好價錢而感到高興也是對該物品所抱持的價值。

　　而決定是否要買某件物品的行為便是決策。決策也分為兩種，分別是直覺決策及合理（邏輯）決策。前者有時是無意間做出的決定，有時則是「感覺真棒！」的情感湧上心頭而做出的決定，無論哪項都是直觀性的決策。而與其說「無意間的行為」是情感，倒不如稱作情緒會比較妥當。而軀體標記（Somatic marker）便是支配直覺決策機制的知名假說。Somatic 是指「身體的」，而軀體標記便是身體「無意識地」告知我們規避危險的

訊號。我們將在第 III 章的 III-5. 對此進行詳細說明。本處要介紹的，是關於賦予對象價值的系統。

　　顳葉會根據透過感官系統獲得的客體資訊，針對客體的類別進行認知（圖 I-20）。如透過觀看臉孔來判斷對方是誰，或說得出植物、動物或人工製品名稱，全都是顳葉的功勞。而透過被賦予客體時所產生的情感，就能讓客體產生價值，可見價值與情感及行為息息相關。比方說，我們會判斷該客體究竟是該迴避的存在，還是該接近並獲得該客體。接著，額葉就會統合這項情感系統與顳葉的資訊，並在眼窩額葉皮質形成客體的價值類別。此外，基底核則是會依照經驗來知覺到客體的價值，並藉此預測能夠得到的酬賞。

⊕ point 8　眼窩額葉皮質能夠認知客體所被賦予的價值。

評估酬賞的伏隔核

　　動機對於行為的決定至關重要。動機是指引發朝向目標的行為，並維持行為的過程及功能，直到滿足為止。這也和情感有著密切的關係，而動機是從何處產生的呢？基本上，它是源自於驅力（drive）與誘因（incentive）。驅力的意思是由生物體內引發行為的力量，誘因則是來自外界的力量。舉例來說，美味食物便是誘因。誘因的程度稱作誘因價值，而酬賞也屬於誘因。誘因價值可說是魅力的程度，如對動物而言飼料便是酬賞，評估酬賞的

部位則是位於基底核之中，稱作伏隔核的殼。

該處會依照：

① 食慾與性慾等初級酬賞

② 金錢等次級酬賞

③ 從他人獲得的正面評價或協助他人等社會性酬賞

等酬賞的量，產生相等比例的活動。也就是說，在人類的伏隔核之中，金錢與讚揚等事物皆具有相同種類的價值，其酬賞種類與動物相異，內容更為抽象。而在伏隔核接受評價的訊號，之後會被傳送至杏仁核與決定行為的蒼白球。

評估、預測酬賞與行為選擇

評估酬賞需要用到什麼樣的訊號呢？其中一項是來自於杏仁核及下視丘的酬賞關連訊號。杏仁核與下視丘會進行交互作用，這在某種層面上也具有計算價值的意義。下視丘之中具有活躍程度與血液中糖、鹽分、蛋白質、脂肪等各種代謝物質濃度呈現反比例的神經元。如外側下視丘區中具有在血液中的葡萄糖濃度下降時便會開始活動，上升時則會抑制活動的神經元。透過這個方式，便能得知是哪種代謝物質減少了。至於杏仁核的神經元，則是會將下視丘的資訊分類為鹽分、糖分等個別成分並進行統整。杏仁核會統合下視丘的反應並進行價值判斷。杏仁核會統合這些資訊，透過決定出「這個對自己而言是正向、那個則是極為負

向」等價值，進而讓我們展開行動。請留意，此處杏仁核所扮演的角色是決定客體的價值，而不是做出「逃跑」或「進食」等行為的決定。

如同圖 I-20 所示，訊號會從杏仁核傳送至伏隔核。另一方面，顳葉則是判斷看到的客體是什麼的部位，如做出它是蘋果、車的理解，或是判斷出人的名字。接著，正如同圖 I-20 所示，杏仁核會連結至眼窩額葉皮質，對價值做出判斷。緊接著，眼窩額葉皮質會連結至顳葉，做出像是「蘋果具有高度價值的判斷」，或是進而產生高興的情感。光是看到物體，情感或欲求便會伴隨而來。換句話說，這便是對附帶價值的理解。

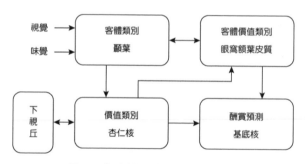

圖 I-20 為客體類別賦予價值的機制
出處：引用自 Dranias et al. (2008)

接下來，讓我們來思考酬賞預測的機制吧。比方說，當老師進入房間時，顳葉便會理解他的臉部，並將訊息傳送至杏仁核，做出未來酬賞（愉快課程等）或懲罰（受到責罵等）的預測。情感會與酬賞連結，與未來酬賞的預測有所關連。此外，酬賞預測

是透過經驗才得以成立，而多巴胺則是酬賞預測學習的重要關鍵。比方說，在老師進來的那一瞬間並不會馬上發生好事，而是在經過一段時間後才會發生什麼。也就是說，這裡必須預測之後將會發生的事。

多巴胺的分泌量會在得到比預測還要多的酬賞時（也就是預測誤差〔prediction error〕為正時）上升，相反地，在得到比預測還要少的酬賞時（也就是預測誤差為負時）則是會下降。而在得到與預測結果相同的酬賞時，則是不會出現變化（Schultz et al., 1997）。只要在計算預測誤差的同時，反覆學習能讓預測誤差縮小的行為序列，便能在將來準確預測出某人前來時會發生什麼事，而這項功能全是多虧了基底核。杏仁核與下視丘的資訊會被傳送至基底核通路，藉由強化或減弱（透過預測酬賞而執行的）各種行為，習得最恰當的行為序列。

基底核通路的功用

在強化學習之中，預測酬賞是非常重要的功能。酬賞預測訊號的基礎是來自於杏仁核與下視丘中的資訊，而它們則是會被輸入至基底核中的伏隔核。由於酬賞本身必須在之後才能取得，因此從事行為的記憶也是不可或缺的。強化學習的重要概念，便是回溯記憶並連結線索。以動物的迷津學習為例，讓我們假定動物會經過反覆的試錯，偶然發現飼料所在的目的地。在這個情況

下，只要前往該處便必定能找到飼料，但動物無法立刻記住路徑，而且能抵達攝食處的路徑不只一種。在這樣的狀況下透過記住路徑的學習，便能得知最能夠獲得酬賞的行為序列。這必須持續地預測將來的酬賞，並在各個時間點做出行為的決定。如同我們先前在伏隔核酬賞評估的段落所述，酬賞的形式並不限於動物找到飼料的情形，對人類而言，受到讚揚等肯定也是屬於酬賞。在這種情形之中，獲得酬賞的時間點會在許久之後，因此我們必須思考為了達到目的，應在現在的時間點與下一個時間點從事什麼樣的行為才好。這就是為了讓酬賞最大化而從事的行為序列學習。重要的是，進行學習的時機必須是在從事行為的期間進行才有意義。請留意，這項機制不能光靠頭腦思考，而是必須實際反覆試錯才能習得。

像這類酬賞的預測功能及讓能獲得的酬賞最大化的行為序列學習，需要用到圖 I-21 所示的基底核通路。感官訊號或運動訊號會從大腦皮質輸入至紋狀體，而大腦與基底核的紋狀體之間的連結，則是會依多巴胺多寡而被強化或減弱。藉此，我們便能透過感官訊號，習得該時間點的狀態與當下應該採取的行為。行為的選擇是由基底核之中的蒼白球所進行。此外，一般認為血清素這項物質的含量，會決定要以多久之後的酬賞為考量基準來選擇現在的行為。若是血清素充足，便能夠思考長遠的事（酬賞），習得現在應該選擇的行為。血清素也對精神狀態的安定性非常重要。透過基底核通路，便能從輸入的資訊，根據酬賞預測或魅力

程度採取適當的行為選擇。這稱作基底核的門控功能。

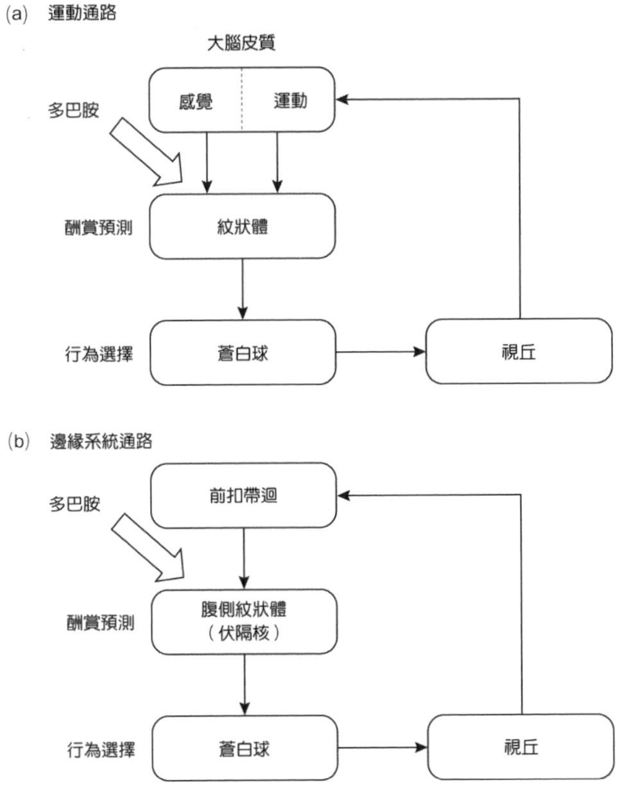

(a)　運動通路

大腦皮質

多巴胺

| 感覺 | 運動 |

酬賞預測　紋狀體

行為選擇　蒼白球　→　視丘

(b)　邊緣系統通路

多巴胺

前扣帶迴

酬賞預測　腹側紋狀體
（伏隔核）

行為選擇　蒼白球　→　視丘

圖 I-21 基底核通路

　　我們已經得知七種像這樣的基底核通路，而與情感密切相關的通路稱作邊緣系統通路（圖 I-21〔b〕）。之後我們也會提及，邊緣系統通路會評估客體的魅力，根據資訊或情感決定出行為。前扣帶迴是一種內臟運動皮質，參與了內臟的運動控制。此外，

如同前述，伏隔核也會評估各種層級的酬賞。

基底核會從大腦皮質接受輸入訊號，並再次將資訊傳回大腦皮質。關於要如何抵達目的地以獲取酬賞的策略，便是透過這個迴路習得的。最近研究已進一步釐清這類型學習迴路的詳細細

(a) 運動通路

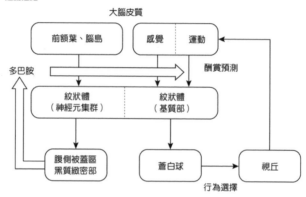

(b) 邊緣系統通路

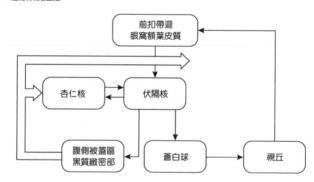

圖 I-22 (a) (b) 基底核通路的詳細圖

註：(b) 的杏仁核發揮了統合通路中訊號的功用。一般認為，伏隔核的核與殼的相關迴路大概相當類似紋狀體的神經元集群與基質部，但這點仍尚未釐清。

節。圖 I-22（a）是圖 I-21（a）運動通路的詳細版。這個通路的
代表性障礙有帕金森氏症與亨丁頓氏症。基底核通路的功用，就
是將資訊從圖中右側的紋狀體基質部經由蒼白球傳達至視丘、大
腦皮質，試圖降低酬賞預測誤差而學習最恰當的行為序列。

　　接下來讓我們以更詳細的方式進行說明。一般認為，在圖
I-21（a）及圖 I-22（a）所示的運動通路之中，（背側）紋狀體會
在屬於基質部狀態的地方盡其所能地習得各種行為的價值。這被
稱作為了獲得酬賞而從事的行為價值函數學習。另一方面，紋狀
體中的神經元集群則是根據酬賞預測誤差習得狀態的價值（抵達
目的地的距離），並將此當做基準來決定多巴胺的多寡。至於由
前扣帶迴—伏隔核通路構成的邊緣系統通路（圖 I-21(b)，圖 I-22
(b)）則是與情感有著密不可分的關係，如欲求行為、成癮性行
為及憂鬱症皆和它有所關連（請參照 III-2. 瞭解邊緣系統通路與
憂鬱症之間的關係）。同樣地，一般認為該迴路中伏隔核的一部
分（殼）有可能是負責評估對於客體的誘因價值（也就是魅力程
度）；另外的部分（稱作核的部分）則有可能是負責評估酬賞預
測誤差，學習最恰當的行為序列（Saddoris et al., 2015）。誘因價
值或誘因顯著性代表著客體的魅力程度。也就是說，針對具魅力
的客體進行學習時會釋放出更多多巴胺。此外，我們已經知道紋
狀體或腹內側前額葉皮質的多巴胺，與「願意付出更大努力」的
意志有所關連（Treadway et al., 2012）。而伏隔核的其他部位則
是如同上一節所述，會依據酬賞預測誤差來調節多巴胺的多寡。

> **⊕ point 9** 　透過基底核通路，便能進行酬賞預測誤差與魅力程度的
> 　　　　　　評估，因應脈絡決定出恰當的行為並付諸實行。

促進學習的多巴胺

　　神經元是透過稱作突觸這個位於軸突前端的紐狀部位，與其他神經元相互連結。神經訊號會經由軸突抵達突觸的位置，提高或降低下一個神經元的電位。突觸能分為興奮性突觸與抑制性突觸這兩個種類，而興奮性突觸會在接收到神經訊號時提升下一個細胞的膜電位，相反地，抑制性突觸的功用則是降低下一個細胞的膜電位。

　　請先參考圖 I-23。神經訊號會從左方神經元傳送至右方神經元，藉此讓資訊得以傳達，並依照突觸的耦合強度 w 進行處理。這項耦合係數愈大，就會帶給下一個神經元愈大的影響，兩個神經元之間則會緊密連結。相反地，若是耦合係數趨近於零，則兩個神經元就會互不相關。此外，興奮性突觸的 w 會是正值，抑制性突觸的 w 則會是負值。神經元之間的關係便是透

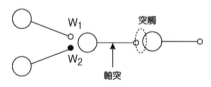

圖 I-23 神經元結合的模式圖

註：突觸具有興奮性與抑制性，本處雖用白點與黑點表示，不過除此之外亦有其他畫法。

多巴胺

圖 I-24 神經元結合的模式圖

過這項耦合係數的大小所決定,而在為數眾多的神經元之中,有的負責提攜、有的負責抑制,其運作形態彷彿就像人類社會。

　　一般來說,這些突觸的耦合係數能透過學習而產生改變。當突觸之間的耦合強度增加時,就代表圖 I-23 的右方神經元會對來自於左方的神經訊號做出更大的反應。所謂的學習,就是像這樣持續性地改變突觸耦合的強度。而我們已經知道透過多巴胺這項腦內神經調節物質,便能增加每一次學習時的突觸變化程度(圖 I-24)。因此,就算沒有反覆學習,在抱有幹勁時仍然有可能一次便成功習得。

⬆ point 10　多巴胺(神經調節物質)能促進學習。

第 I 章的統整

　　情感是透過內臟的狀態與該狀態產生變化的原因推論這兩項因素所決定。前者是腦部藉由自律神經所傳遞的資訊,進行內臟

狀態的推論所得到的結果（內在感覺）。我們將在下一章之後詳細說明這項推論的過程。另外，根據來自於外界的外在訊號，也能推論出內臟狀態變化的生成原因。統合這些推論結果的部位是腦島，而情感便是透過這兩項資訊的統合而產生的。

另一方面，將內臟狀態維持在一定狀態的功用便是體內平衡。體內平衡會在狀態偏離恆定值時，透過反饋控制使其回歸恆定值。而當預測到身體狀態將會大幅偏離恆定值時，恆定值便會在事前產生變動，使身體就算面臨巨大的偏差也不會產生混亂。這項功能稱作身體調適。相對於體內平衡是被動性的控制，身體調適則是主動性的（預測）控制。

引發行為的原動力來自於動機。動機基本分為驅力與誘因。誘因價值是客體的魅力程度，廣義來看，誘因價值是由酬賞的期待值所決定的。而負責評估酬賞的是基底核中的伏隔核。與杏仁核及伏隔核連結的眼窩額葉皮質則是參與認知客體附帶價值種類的功能。伏隔核的一部分（殼）會對誘因價值（魅力程度）進行評估，另外的部位（核）則會評估酬賞預測誤差。多巴胺的釋放多寡會與魅力程度及酬賞預測誤差互成比例，改變學習速度。此外，多巴胺也和意志有所關連。基底核會透過接收大腦輸入並再度將訊號傳回大腦的「皮質─基底核通路」，憑藉脈絡資訊或誘因價值來進行行為的選擇與付諸實行（gating），從事行為序列的學習。

第 II 章

情感與推論的機制

II-1. 知覺與運動的機制

　　如同第 I 章所述，情感便是「情緒」加上「原因推論」。首先，情感是透過對於自身內臟狀態的理解而產生的。腦部必須準確地理解相隔甚遠的內臟狀態。但由於自內臟經由自律神經傳送而來的訊號包含大量雜訊，因此這絕非易事。此外，腦部還必須透過自律神經訊號推論出內臟狀態。進一步地說，我們還會推論造成內臟狀態改變的原因。

　　在本章，我們將思考這些推論的機制。而這些機制的基礎，是稱作亥姆霍茲（Helmholtz）的無意識推論功能（請一併參照附錄）。我們將在此先思考視知覺的無意識推論是如何實現的。

我們看見的世界

　　一般來說，我們能看得見的外界狀態稱作視覺影像，而視覺影像是在腦內產生的。我們會透過眼睛望向三維空間的真實世界，藉此產生視網膜影像，而視網膜影像屬於二維影像。從三維的真實世界打造出二維視網膜影像的過程能用物理學（光學）來說明，不過腦部則是反過來將得到的二維視網膜影像推論為三維的世界，形成視覺影像。

　　我們看見的世界，可說是腦部運用二維視網膜影像推論得出的三維真實世界結構及狀態結果。而這項過程正好和打造出二

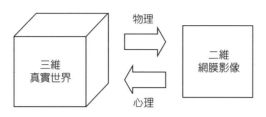

圖 II-1 視知覺的概念圖

維視網膜影像的物理過程相反，因此又被稱作反向光學。換句話說，我們能將此想成是從得到的二維資料，推論出造就該資料的原因（也就是三維的真實世界）的過程。一般來說，從二維資料推論出三維結構及狀態是不可能的事。但是，我們卻能輕而易舉且精確地進行推論。而最先想出這種架構的人是亥姆霍茲，該架構則稱作無意識推論。

⊕ point 11　我們看見的世界，是腦部透過視網膜影像推論
　　　　　　　得到的結果。

　　圖 II-2 畫出了三維空間中的三種形狀。若是將這些形狀進行投影（極投影），就會得到相同的圖像。我們可以藉此得知，就一般情形而言，要從圖像推論出結構是不可能的。那麼，要怎麼做才能讓這點化為可能呢？

關於視知覺的推論

　　首先，如同圖 II-3 所示，三維空間世界的結構及狀態，會

71

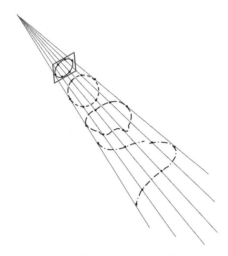

圖 II-2 雖然網膜影像相同，但實際形狀卻相異的例子

出處：Barrow & Tenenbaum (1981)

在視網膜以圖像 I 的形式呈現。這個過程便是所謂的光學 R。腦內會透過圖像 I 來推論三維空間世界的結構及狀態。但是，如同先前所述，圖像 I 是屬於二維資料，一般來說是不可能用來推論三維結構或狀態的。但是，腦部會用聰明的方法來解開問題，且只需用極為短暫的時間便能進行處理。要怎麼做，才能實現這點呢？這便是筆者與川人光男氏所抱持的疑問。當時若是運用電腦視覺的方法，必須經過反覆多次的計算，而將其直接套用至神經迴路會十分耗時，顯然這不是現實的方法。

　　有鑑於此，川人‧乾（1990）做出了下述的構想。一般來說，想推論出正確狀態的 S 是不可能的，但我們假定人類能理解簡單的法則，並將該法則運用為類反向光學 $R^{\#}$，藉此透過圖像 I

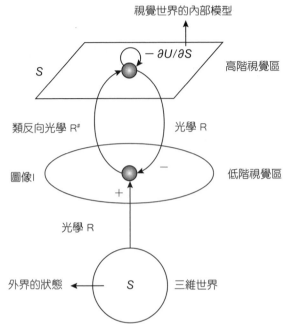

圖 II-3 形成視知覺的計算理論

進行外界狀態 S 的推論。所謂的簡單法則，就是在一般情況下不會成立，唯有在滿足限定條件的情況下才會成立的單純知識。我們認為，透過在腦內運用光學 R 來產生圖像，便能確認狀態 S 是否正確。簡單地說，這項流程就是在進行檢驗。這麼一來，實際的圖像與腦部所期待的圖像之間便會產生誤差，而我們也能稱它作預測誤差。接下來，根據理論顯示，只要再度運用類反向光學進行計算，便能夠迅速而精確地推測出 S（川人・乾，1990）。此外，腦部會層級性地用相對低階的部位解決簡單問題、用高階

部位解決困難問題。關於這點，請參照 IV-2.。

⊕ point 12 藉由預測誤差的最小化，便能透過視網膜影像推論出外界結構及狀態。

為什麼我們能正確無誤地運動？

身體的運動是透過預測控制而得以實現。比方說，在打算活動手或前臂的情況，電訊號就會從大腦的運動皮質經由運動神經系統，傳送至手或前臂的肌肉。當電訊號抵達肌肉時，肌肉便會收縮。藉此，關節角度便會有所變化，進而產生運動。而當手或前臂一旦開始運動，便能以感官訊號的形式解讀該項運動行為。比方說，只要看著手或前臂，便能得到視覺資訊，若是肌肉收縮，則拮抗肌便會伸展。若是肌肉伸展，該肌肉便會藉由存在於該肌肉中的本體感受器，讓本體感覺（固有覺）傳達至中樞。這些感官訊號稱作運動的反饋訊號。

在大腦運動皮質發出運動指令訊號的同時，腦部便會預測會有什麼樣的感官訊號傳遞回來（圖 II-4）。這個從運動皮質發出的預測訊號稱作感知副本（efference copy），而後頂葉皮質則會比較實際傳回的感覺反饋及感知副本這項預測訊號（Ogawa & Inui, 2007）。若在此時檢測出的誤差過大，便會對運動進行修正。若是誤差算小，大體上來說，我們就不會對該項運動抱持任何興趣。重點是，腦部會在運動時，預測該項運動的結果。

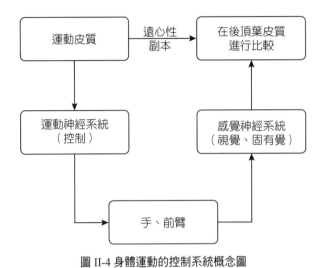

圖 II-4 身體運動的控制系統概念圖

🔼 **point 13**　腦部會在運動時，自動地預測其結果。

　　腦內有許多部位都具有監控功能。所謂的監控，就是監視某種狀態。當然，腦內並沒有負責監視的小人。大多情形會是由上游中樞負責將「確認狀態（或狀態的變化）是否如同預想」的訊號傳送至監控系統，進而測量它和實際訊號之間的誤差。當誤差為 0 時，就代表目前的監控是準確的。也就是說，為了理解整個系統，腦部會發出預測狀態的訊號。上述的知覺系統及運動控制系統都是透過這樣的理解方式，才得以順利運作。正因這個理由，圖 I-11 及圖 I-12 之中才會寫著「預測（理解）」。

　　視知覺便是腦部針對自視網膜傳來的訊號進行推論而得到的
結果。而接下來我們將會說明，腦部針對從內臟傳來的訊號進行
其原因（內臟狀態或造成該狀態的外界原因）的推論結果，便是
所謂的情感。

II-2. 內臟的運動控制與情感

決定情感的關鍵

控制內臟的部位，是內臟運動皮質（前扣帶迴及眼窩額葉皮質）。如同先前說明的手或前臂的運動，運動指令訊號會經由自律神經系統傳送至內臟，藉此讓內臟的狀態產生變化。當內臟的狀態有所改變，其狀態就會透過位於內臟之中的本體感受器傳達至中樞。這個負責傳達的神經系統也是自律神經系統，透過它而產生的感覺則稱作內在感覺。在此處，我們會將該訊號視為情緒（即 I-1. 說明的達馬西奧的定義）。

另一方面，如同手或前臂的運動，前扣帶迴及眼窩額葉皮質會發出用來預測內在感覺這項感覺反饋的預測訊號（圖 II-5）。一般認為，前島葉會對這項預測訊號及實際的感覺反饋進行比較，而這項預測訊號正是構築情感的重要主因之一。若是預測誤差夠小，就代表成功地達成預測（確實理解）。賽斯等人認為，預測誤差會從前島葉傳送至內臟運動皮質，進行內臟控制的調整（圖 II-6）（Seth et al., 2012）。

在後腦島及中腦島接收到從內臟傳來的內在感官訊號後，便會將其傳送至前島葉。這個現象讓前島葉被視為具有比較器或預測誤差模組的功用（Palaniyappan & Liddle, 2012）。

另一方面，巴瑞特與西蒙斯則是認為，由於從中腦島至後

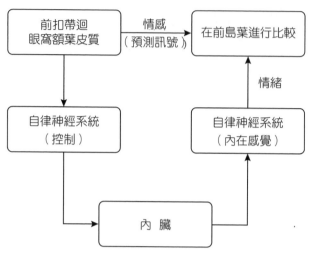

圖 II-5 奠基於自律神經系統的內臟運動控制系統概念圖

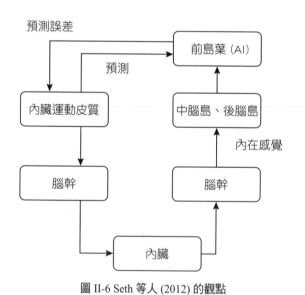

圖 II-6 Seth 等人 (2012) 的觀點

腦島一帶都會接收自律神經的反饋訊號（內在感官訊號）輸入，因此這一帶可能會進行預測誤差的比對（圖 II-7）（Barrett & Simons, 2015）。另外，他們也認為前島葉有可能不單是處理內在感官訊號，而是會統合視覺、聽覺、觸覺等各種感覺（多重感官統合），進而對客體產生情感。

🔼 point 14　情緒訊號的預測訊號是決定情感的重要主因。

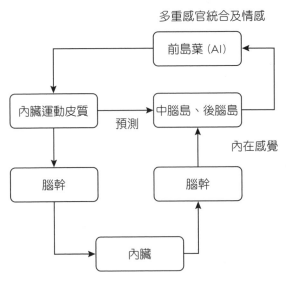

圖 II-7 Barrett & Simmons (2015) 的觀點

孕育主觀情感的關鍵

　　腦島皮質在內在感官訊號與外在感官訊號的統合、以及主觀

情感的產生之中，都扮演著核心角色的功用。腦島具有產生下述的自我存在感的功能：長年下來，許多研究都在探討自我究竟是什麼。最近的看法則是認為，自我是由永續性自我及一時性自我所組成的（Gallagher, 2000）。所謂的永續性自我，是從過去至未來都一貫存在的自我，主要是建立於情節記憶和自傳式記憶的基礎。另一方面，一時性自我（又稱作最小自我）則是由自我主體感、自我所有感（sense of self-ownership）和自我存在感所組成。

⊕ point 15 　一時性自我是由自我主體感、自我所有感和
　　　　　　　　自我存在感所組成。

　　所謂的自我主體感，就是由自己進行某項行為的感覺。人在某些情況下，會認為自己所從事的行為，是遭他人控制而做的。這是一種思覺失調症的陽性症狀，稱作「被控制妄想」：儘管是自己說出的話，卻認為那不是透過自身意志說出來的，而是遭他人控制而說出口；儘管自己從事了某項行為，卻認為那是遭他人控制而做的。那麼，自我主體感究竟是從何處而來的呢？另外，被控制妄想究竟是基於什麼樣的機制而產生的呢？這個問題的答案相對較為簡單。如同前述，當在引發某項行為，也就是發出運動指令時，腦部就會在同一時間預測會有什麼樣的感覺反饋傳回來。我們亦提及腦部會針對該項預測及實際的感覺反饋進行比對。

　　一般認為，若是能準確地完成這項比對，則預測誤差理應是不存在或是非常小的，而此時便能感受到自我主體感。相對地，若是基於某種理由使這項預測誤差變大，就不會產生自我主體感，並產生被控制妄想。具體來說，思覺失調症會讓感覺反饋的預測機制產生問題，而預測誤差也會因無法準確地預測感覺反饋而變大，導致被控制妄想的產生（Frith et al., 2000; Blakemore et al., 2003）。

　　所謂的自我所有感，是了解自己的身體屬於自己的感覺（或是了解某項行為是由自己的身體所進行的感覺）。之後我們也會在 IV-3 的〈主動推論——無法區別知覺和運動的機制〉（頁173）對此進行解說。

　　另一方面，所謂的自我存在感，是實際感受到自己存在於自己的物理性身體之內，且自己確實存在於環境之中的感覺。建立出自我存在感的主因有好幾種，而如同先前所述，在內在感覺的預測與實際的內臟感覺反饋之間的預測誤差夠小的情況，就能獲得高度的自我存在感（Seth et al., 2012）。由此可見，自我存在感是透過輸出預測訊號的眼窩額葉皮質、前扣帶迴與評估預測誤差的前島葉（或中腦島、後腦島）才得以成立的。有趣的是，前島葉會因自我主體感的變化而受到影響（Nahab et al., 2011）。這意味著產生出自我主體感與自我存在感的兩機制之間有著相互作用。我們會在 IV-4. 再次提及這點。

紡錘體神經元的功用

　　如同先前所述，連同內側眼窩額葉皮質在內的腹內側前額葉皮質，支撐著價值或酬賞等基本而抽象的概念（Grabenhorst & Rolls, 2011）。克雷格指出，前島葉—前扣帶迴的聯結是透過紡錘體神經元（VEN）進行仲介（Craig, 2009a）。VEN 的神經元胞體十分巨大，訊號傳達速度快，並擁有豐富的多巴胺 D1 接受器。此外，前島葉—前扣帶迴的皮質具有第五層構造，有著大量投射到下視丘、腦幹神經核等處的下行徑（descending tract）神經纖維。另外，克里奇利及賽斯指出，VEN 有可能在預測誤差造成的預測即時更新（修正）的這項功能中扮演重要的角色（Critchley & Seth, 2012）。

　　根據谷等人的研究，前島葉會接受來自於前扣帶迴或前額葉的內在感官訊號的預測訊號及實際的內在感官訊號，當預測誤差夠大時便會產生情感的覺察（awareness）（Gu et al., 2013）。此外，我們已經知道前島葉損傷會造成 VEN 的損害，導致情感覺察的功能表現低落。

II-3. 理解他人情感的機制

　　1992 年，義大利的里佐拉蒂（Rizzolatti）團隊，在猴子的
F5 區（與人類的額下迴相對應的部位）發現稱作鏡像神經元的
特殊神經元（Di Pellegrino et al., 1992）。之後在以猴子為受測
對象的生理學研究之中，更釐清頂葉頂下葉也存在著鏡像神經元
（圖 II-8）。

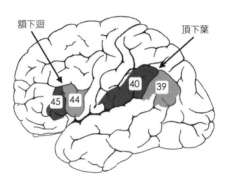

額下迴　　　　　　　　　　　　頂下葉

圖 II-8 具有鏡像神經元的腦區

　　需要先聲明的是，鏡像神經元是屬於高階的運動神經元。高
階運動神經元會指定接下來要從事的行為，並發出指令來實踐該
項運動。如在從事撕裂、敲碎、投擲等動作時，高階運動神經元
便會活躍。然而，鏡像神經元則不僅會在自己敲碎某項物體時、
以及這項行為開始的稍早之前活躍（因此它也是運動神經元），
就連看到他人敲碎物體的場面時也會有所活躍。就像這樣，在看
著他人的行為時，這種神經元也會像看著鏡中自我的行為一般有

所反應,因此被命名為鏡像神經元。舉例來說,光是看到他人投球的動作,在自己投球時有所動靜的鏡像神經元便會活躍。也就是說,我們不是透過視覺來理解行為,而是藉由自身運動(也就是透過身體)來進行理解。

而在 2002 年,研究者更進一步發現稱作視聽覺鏡像神經元的神經元,它不單會在看到敲碎物體的動作時活躍,就連聽到敲碎物體的聲音時也會有所活躍(Kohler et al., 2002)。也就是說,鏡像神經元是除了處理視覺之外,也會將聽覺統合至運動指令訊號的神經元。

在實際抓取某物的行為者腦內,與抓取動作有關的運動神經元會有所活躍,而觀察這個場景的觀察者腦內與抓取動作相對應的運動神經元也有所活躍的情形,能被視為共鳴的產生。最近研究指出,溝通場面的雙方在腦部的實際活動之中,也能觀測到腦部活動的共鳴。在試圖理解行為的脈絡之下,有時行為者與觀察者的腦部活躍部位會有所相同,達成某種共鳴的狀態。

此外,透過鏡像神經元系統的運作,便能更容易地理解並模仿他人行為。當觀看他人動作時,與之相對應的鏡像神經元便會有所運作。由於鏡像神經元便是運動神經元,因此若是直接實行該項神經活動,就會變成所謂的模仿。萊爾米等人指出,健康正常人之所以不會產生「模仿行為」的現象(即便沒有受到相關指示,卻持續模仿他人行為的一種由前額葉損傷造成的現象),是因為前額葉的運作讓這類外顯行為得以受到抑制(Lhermitte et

al., 1986）。在左腦之中，存在著鏡像神經元的額下迴，便是稱
作語言中樞之一布洛卡區的區域。此處存在著視聽覺鏡像神經
元，代表我們能夠模仿眼見或耳聽的事物，都是拜此之賜。而這
也代表鏡像神經元亦在理解聲音的功能中扮演重要的角色。

類我系統

　　所謂的類我系統（like-me system），是藉由將他人投射[1]至
自己身上，進而以直接聯結的形式，推測他人行為的意圖或情感
的系統。也就是說，該系統是從觀察到的他人動作，來讀取其行
為的意圖或情感。本系統是透過鏡像神經元系統而得以成立，換
句話說，這就是透過鏡像神經元系統，將他人與自己視為同一對
象，進而理解他人的行為（的視覺資訊）。我們甚至能宣稱，透
過鏡像神經元系統的運作，自己與他人的腦部活動便能夠有所共
鳴。而若要讓位於這些部位的鏡像神經元構成的鏡像神經元系統
順利運作，進而理解他人行為，後顳葉顳上迴的功能也是不可或
缺的（圖 II-9）。

　　這個部位與他人動作視覺資訊（biological motion，生物運
動）的處理有所關連。該部位與頂葉頂下葉相互聯結，而且由於

---

1. 譯者註：心理學廣義的投射，包含將他人與自己的情感視為同一對象。如國家代
　表隊在球技競賽取得冠軍時，個人的喜悅亦是一種對選手的情感投射。

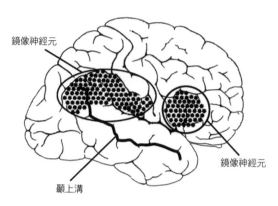

鏡像神經元

鏡像神經元

顳上溝

圖 II-9 類我系統
出處：乾（2013）

頂葉頂下葉又和額下迴相互聯結，我們也因此能將他人動作對應在自己從事的運動上，並進而理解。另一方面，自閉症病患的額下迴所佔的灰質體積有減少的傾向。也就是說，這代表該處具有結構性異常。另外，雖然在後顳葉顳上迴中並沒有觀察到結構性的異常，卻也能在該處觀察到活躍程度的低迷（Inui,2013；Inui et al., 2017）。

基於類我系統的同理心機制

事實上，我們已經得知額下迴的鏡像神經元會透過腦島與杏仁核相互聯結（圖 II-10）。藉此，我們不僅能將他人的行為與自己的運動視為同一對象，還能連結伴隨該運動而生的情感，實現同理心這項功能。根據卡爾等人從事的研究顯示，人類自額下

迴經由腦島抵達邊緣系統的通路，在同理心的神經機制之中扮演
極為重要的角色（Carr et al., 2003）。無論是自己受到伴隨疼痛
的刺激時，或是因親密友人受到相同刺激而產生同理心時，都會
活化前島葉及喙前扣帶迴，而且其活躍的強度與共情分數具有相
關關係（Singer et al., 2004）。

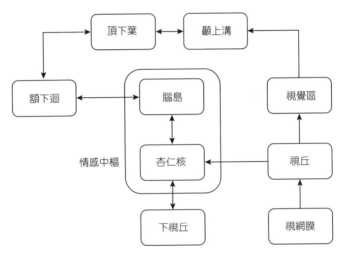

圖 II-10 奠基於類我系統的同理心機制

出處：乾（2013）

　　另外，只有在自己受到伴隨疼痛的刺激時，後腦島及次級
體感覺皮質才會有所活躍。一般認為，與同理心有關連的通路，
也會以相同模式牽涉從臉部表情推測他人情感的功能。所謂的同
理心，代表的便是能夠獲取伴隨於他人行為而來的內心狀態（情
感）的相關資訊，是讓溝通圓融的重要關鍵，也對形成具協調性

的利社會行為動機攸關重要。如同上述，透過以腦內網絡為基礎的類我系統，我們才能夠理解他人行為的意圖，以及對他人的情感抱持同理心。

我們能從觀察者的生理指標，得知第三者的情感嗎？

我們能透過他人的表情，來推論對方的情感。當我們在推論他人情感時，其實有可能是在進行移情性的情感推論。有鑑於此，研究者運用影像變形技術製作各式各樣的表情，讓實驗參加者從他人的表情來評定情感的特性（情緒效價及喚起程度）（圖 II-11）。

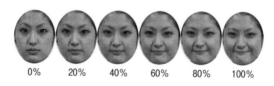

0%　20%　40%　60%　80%　100%

圖 II-11 表情圖像例

註：本例是運用影響變形將表情從中性改變為幸福，愈靠右方的圖像愈接近幸福表情。
　　圖像下方的數值代表的是影像變形率。

出處：運用京都大學心靈未來研究中心 (KRC) (2013) 的資料庫製作出來的影像變形圖像。

圖 II-12 是向參加者呈現影像變形圖像，並根據活性 - 非活性、快 - 不快的評定結果，在第 1 章所介紹的羅素環狀模型之上繪製而成的散佈圖。因此，無表情的評定理應會位於交點。我們能從該圖得知，在二維模型之中，對於他人的情感評定會呈連續

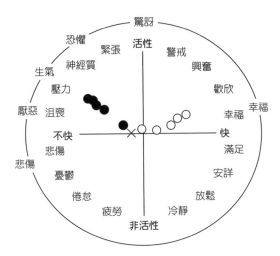

圖 II-12 情感效價與喚醒程度的評定值

性的變化。此外，無表情的評定結果較交點略為偏左，因此可以得知它被解讀為稍微不快。

　　接下來，研究者測量正在觀察表情的參加者生理變化，得知當女性在進行女性的情感推論時，研究者能透過在負向情感時產生於雙眉之間的皺眉肌肌電、在正向情感時產生於臉頰的顴大肌肌電，以及心跳數來預測情緒效價的評定值。但是，在女性進行性的情感推論時，研究者便無法預測出情緒效價的評定值。這個事實指出，自身的生理變化可能與同性他人的情感表現強度相對應（山添等人，2017）。

　　如同 I-1. 的〈情感與情緒的差異〉（頁 32）所述，伴隨情感而來的生理變化，會顯示自己所經歷的情感與自己的生理反應。

這項實驗顯示，在進行他人的情感推論時，觀察者會產生生理變化，而這有可能是透過鏡像神經元，對從他人表情推論出的情感進行移情性的理解。

II-4. 情緒與情感對各種認知功能造成的影響

　　在這裡，我們將在說明測量內在感覺敏感度的方法後，介紹透過自律神經反應讓認知功能產生各種變化的這項情感基礎。

利用心跳反應進行的數個實驗

　　如同先前所述，腦島皮質讓我們能夠感受到情感，而杏仁核、前扣帶迴、眼窩額葉皮質等處的活動則讓情感得以成立。另外，這些活動會反映出內臟的狀態。事實上，我們已經得知，只要直接刺激食道或大腸等處，扣帶迴及腦島皮質的活躍程度就會提升。

　　霍赫芬等人關注於腦損傷患者的自我情感知覺及認知功能障礙的程度（Hogeveen et al., 2016）。具體來說，研究釐清前扣帶迴受到相同損傷的病患的後天性敘情障礙程度，會依照前島葉皮質損傷面積的增加而上升。敘情障礙是難以自覺或表達自身情感的病患，我們會在 III-3. 的〈述情障礙與內在感覺〉（頁 131）詳細說明這點。霍赫芬等人的研究釐清，前島葉皮質對情感的知覺與認知極為重要。

　　通常我們會用心跳辨別任務來調查內在感覺的敏感度。心跳辨別任務會將個人的心跳轉換為聲音，並錯開實際心跳的時間規律讓實驗參加者聆聽，測試參加者能得知遲延時間到多準確的

地步。實驗釐清，執行這項任務時，右腦腦島皮質的灰質體積與內在感覺的敏感度呈高度相關關係（Critchley et al., 2004）。此外，其灰質體積也和日常生活經歷的不安傾向有所關連。

另外，當賦予（實際上並未進行運動的）參加者近似於身體運動時的心跳數頻率的心跳聲刺激時，他們便會將中性的臉孔（無表情）判斷為喚起程度更強的表情。這類錯誤的聲音反饋所造成的表情評價變化，反映在右腦前島葉與杏仁核的活躍程度上（Gray et al., 2007）。若將這個現象想成自我情緒狀態的原因推論錯誤，便能將其視為類似於吊橋效應的現象。此外，這些結果也與保羅和斯坦提出的理論有所關連：在腦島皮質內預測

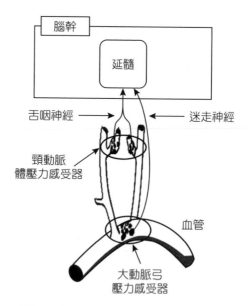

圖 II-13 引用自 Critchley & Harrison (2013)

的身體狀態若與知覺到的身體狀態之間的不一致，便會引發不安
（Paulus & Stein, 2006）。

　　話說回來，心臟的韻律是透過心肌收縮時將血液送往全身
時的收縮期，以及心肌弛緩時血液流回心室的舒張期的兩者反覆
交替而形成的。前者的血壓稱作最高血壓（收縮壓），後者的血
壓則稱作最低血壓（舒張壓）。動脈血管具有壓力感受器，當血
壓上升（血管延展）時就會產生反應，經由迷走神經或舌咽神經
將訊號傳送至延髓、視丘，再進一步傳送至腦島（圖 II-13）。
請留意，這和隨意肌的本體感受器的功用是相同的。格雷等人發
現，在心臟的收縮期時呈現臉部圖像，就會讓實驗參加者對於部
分種類表情的判斷產生變化（Gray et al., 2012）。

　　具體來說，若在心臟收縮期時呈現厭惡的表情圖像，對於該
表情的厭惡強度評定便會上升。心臟處於收縮期時，心臟的壓力
感受器會開始運作，以內在訊號的型式傳達至中樞。基於上述理
由，我們可以將厭惡強度的評定上升的理由視為是受到最高血壓
的影響。此外，這項影響被認為是反映出接收視覺資訊與身體資
訊的眼窩額葉皮質的活動（參照圖 I-20）。這些洞見意味著自身
的身體狀態會影響對他人情感的判斷。

記憶、決策與自律神經反應

　　我們將在此處說明自律神經反應與記憶之間的關係。一般

來說，從藥理學的觀點來看，當末稍或中樞的交感神經作用受到增強時便能促進記憶功能，而透過投入 β - 腎上腺素拮抗劑來降低交感神經活躍程度，便會使記憶功能降低（Cahill & McGaugh, 1998）。順帶一提，通常記憶的檢查進行方式，都是使用回憶與再認的手法。回憶檢查是要求受測者想起記得的事物並回答的手法。另一方面，再認檢查則是呈現任務的刺激，並詢問是否為記憶中的事物。在再認的情況中，就算不必真的回想起來，只要若有似無地對任務刺激抱有熟悉感，我們也會將此判斷為有所記憶。再認這種奠基於熟悉性的記憶，會透過自律神經活躍程度的增強而受到強化。接著，這項活躍程度的增強會帶來「既視感」（Morris et al., 2008）。而一般認為我們會透過身體感受到這種既視感。實際上，出汗反應或瞳孔反應等末稍的自律神經反應確實會伴隨既視感而產生。此外，內在感覺敏感度高的人，對於帶有情緒性質的照片或單詞的再認記憶有較高的傾向。

另一方面，愛荷華賭局作業等決策也和身體狀態有所關連（詳情請參照 III-5. 的〈生活在無法確知的日常〉（頁 143））。內在感覺的覺察在英語中稱作 gut feeling，直譯下來便是「腸道狀態的情感」，日語中則是有「昆蟲的預感、第六感」的表現。可見 gut feeling 與決策也有所關連。我們將在後面章節討論其箇中緣由。

疼痛與催眠

　　許多人都知道疼痛能透過催眠而緩解，然而實際確認腦部活動，便會得知大腦掌管觸覺及痛覺的體感覺皮質區的活躍程度並沒有下降。但是，塑造伴隨疼痛刺激而來的不快感的其中一個情感中樞——腦島的活躍程度則大幅下降。因此，雖然我們仍會產生強烈刺激的自覺，但伴隨疼痛而來的不快感卻消失了（Rainville et al., 1999; Raij et al., 2009）。

　　這項機制尚未被理解透徹，但我們已大致得知下列的內容：前額葉之中有著稱作中央執行系統的系統，而它的功用便是駕馭腦部各處的資訊處理。一般認為，它在受到催眠誘導時便會產生作用，讓腦島的敏感度降低，或者是透過阻斷傳送至腦島的訊號讓腦島活躍程度降低。如欲得知更詳細的內容，則必須仰賴今後的研究（詳情請參照 IV-4. 的〈催眠、冥想與內在感覺〉（頁186））。

II-5. 為什麼我們會注意於某件事物？

我們能夠將注意朝向各式各樣的外界成分。此外，我們也能將注意朝向部分身體或內臟感覺。上一節介紹的內在感覺實驗就是個很好的例子。換個說法，就是我們能將注意朝向外在感覺及內在感覺。而朝向內在感覺的注意，更是理解情感的重要關鍵。

除此之外，之後我們在第 III 章也會提及，情感障礙有時會讓我們無法順利將注意朝向內在感覺。此處要先思考的，是掌管外界（外在感覺）注意功能的法則。

注意與夏農理論中的「意外」

追根究柢說來，我們到底會將注意朝向什麼地方呢？從視覺注意的研究能夠得知，我們通常會迅速地將注意轉向不符合脈絡的事物、具有不同於他者的明顯差異特徵、或突然產生某種變化的部分等情形。若用更加抽象的方式敘述，這些情形應該說是將注意朝向什麼地方呢？

用抽象的方式來說，或許我們能做出下述主張：當某項我們認為發生機率很小的事件產生時，我們便會迅速將注意力朝向該部分。這在資訊科學的領域稱作夏農理論中的「意外」，而這項思想假設則稱作新奇性檢測假說。又，包含人類在內的所有動物，都會試圖減少環境中的意外而從事學習（即學習發生機率）。

◎ further study 1

我們會將「當發生機率為 *p* 的事件實際發生時，做出『事件發生』這項通知」資訊所具備的資訊量定義為 $-\log_2 p(bit)$。

當然，在機率 *p* 愈小的情況下，也就是被認為幾乎不會發生的事件實際產生時，得到的資訊量就會愈大。基於上述理由，我們會將 $-\log p$ 稱作夏農理論中的意外。當我們以為幾乎不會發生的事實際發生時，便會產生極大的夏農意外。

注意與貝氏理論中的「意外」

然而，最近研究已逐漸釐清，依照學習效果的不同，信念也會隨著時間而產生變化。而在這種不斷變化的狀況之中，我們必須運用其他觀點，才能進一步理解注意的現象。有鑑於此，下列的想法應較為妥當：在付諸注意時，注意的方向會朝往自身的信念（belief）改寫程度較大的地方。一般來說，在觀測某種資料之前與之後的知識或信念的變化程度夠大的情況，便稱作貝氏理論中的「意外」夠大。而我們可以將注意朝往的方向，視為貝氏意外較大的地方。

這種先驗（付諸注意之前）與後驗（已將注意朝向該處）的知識差，可以透過 KL 散度（Kullback–Leibler divergence）這項公式來計算得知。換句話說，我們所求出的就是預測事物及實際發生事物的差異，也就是所謂的預測誤差。這和前述的知覺或情

感中的預測誤差是相同的。因此，我們不會在預測誤差小的地方付諸注意，而是會將注意朝向預測誤差大的地方。

換個說法，就是我們會將注意付諸於與預測有著極大差異的地方。這項理論可說是更加顧及到主體性的注意理論模型。一般來說，KL 散度會是兩項機率分配的不相似度（概念上與距離相仿，但兩分配並未滿足對稱性的條件，故此處無法將其稱作距離）。

◎ **further study 2**

令先驗分配為 p(x)，後驗分配為 q(x)，便能將 KL 散度記述如下：

$$KL(q(x)||p(x)) = \int q(x) \cdot \log \frac{q(x)}{p(x)} dx$$

我們可以得知，當先驗分配與後驗分配相同時，也就是沒有產生變化時 KL 散度便會是 0。

🔼 **point 16** 人類會對貝氏意外較大的地方付諸注意。

注意與突觸

如同先前所述，神經元之間會透過突觸這項軸突前端的紐狀部位相互連結。當耦合係數愈大，對下一個神經元造成的影響也會愈大。

另外，在進行學習的情況，這些突觸的耦合強度會長期持續變化，而我們也能一時性地增加神經元之間的耦合強度。一般來說，稱作神經調節物質的物質會對突觸造成影響，一時性地提升耦合係數。而第 I 章介紹的多巴胺，也是神經調節物質的一種（參照圖 I-24）。當突觸的耦合強度上升時，就代表後者的神經元就會對來自於前者的神經訊號產生更大的反應（精確地說，這並非是突觸耦合強度上升，而是對下一個細胞造成的影響變大。在相關理論中，我們會將耦合係數乘以別種係數來處理）。

此外，我們已經得知，在將注意朝向這個處理過程時，下一個神經元的反應會一時性地增強。一般認為，注意便是這種突觸「增益」的提升。之後我們會說明，在自由能原理（或是預測編碼理論）之中，提升增益便意味著提升傳達至突觸的訊號「精度」（參照 II-6. 的〈注意、精度與預測誤差〉（頁 109）及〈第 II 章的統整〉（頁 110）。根據理論，精度愈低的訊號被無視的傾向會愈高。從這層意義來看，我們能將注意視為訊號精度的預測。）

II-6. 推論的方法

推論時必須用到的機率

讓我們來思考當某個事件發生時，推論（一般會稱為推理，但在本領域中較常使用推論一詞）出該原因是什麼時候所使用的方法吧。精確地說，這項推論方法稱作歸納推論。舉例來說，我們假設在返家時看見窗戶玻璃碎開，開始進行其原因的推論。首先，我們能宣稱小偷闖入的機率有多少？追根究柢說起來，我們到底是根據什麼來進行像這樣的原因推論？為此，有兩項知識是不可或缺的。

首先我們必須知道，在一般情況下小偷闖入家中時打破窗戶玻璃的機率。乍看之下，或許你會認為光憑這點就能夠進行推論，但事實並非如此。追根究柢說來，玻璃碎開的原因還存在著許多可能性。因此，為了能夠篤定地宣稱小偷闖入，我們還需要另一項重要的知識。那項知識就是自家是位於什麼樣的環境。換言之，這項知識就是該地區發生闖空門的機率有多少。

也就是說，我們必須奠基於小偷闖入時打破窗戶玻璃的機率，以及遭到闖空門的機率來進行推論。前者稱作條件機率，後者則稱作先驗機率（圖 II-14）。

至於看到窗戶玻璃碎開時能夠宣稱小偷闖入的機率，稱作後驗機率。而我們可以得知，後驗機率的比率會是先驗機率和條件

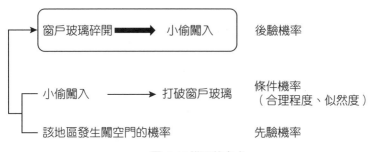

圖 II-14 推理的方式

機率的乘積（理由載於 IV-1.）。但是，窗戶玻璃碎開也有可能
是來自於其他原因。如地震、傳接球等等。那麼，我們要如何進
行窗戶玻璃碎開的原因推論呢？一般使用的方法，稱作最大後驗
機率推論。這項方法是求得各種可能原因的後驗機率，並將後驗
機率最大的事件視為窗戶玻璃碎開的原因。就像這樣，一般認為
我們在從事推論時，會運用條件機率及先驗機率這兩項知識，來
進行最大後驗機率推論。

用機率分配來呈現訊號

　　舉例來說，任何機器都會偶爾發生故障，從這個觀點來看，
它們的運作方式大致上都能稱作是具有機率性的。而他人的反應
就更加隨機了。各種訊號的強度也存在著雜訊，因此也具有機率
性。

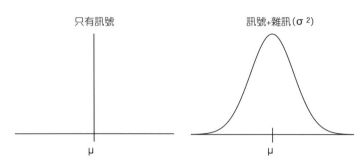

只有訊號　　　　　　　　　　訊號+雜訊(σ^2)

μ　　　　　　　　　　　　μ

圖 II-15 由於訊號中包含雜訊，因此我們會用機率分配來呈現訊號的強弱

如同圖 II-15，讓我們假設有一強度為 μ 的訊號。一般來說，訊號中必定會混雜雜訊，神經系統同樣也會混雜著高斯雜訊。由此可知，中樞收到的訊號是包含雜訊後的產物，因此如同圖 II-15 的右方，有時收到的訊號會比 μ 更大，有時則會比 μ 更小。至於這項機率分配形狀，會呈平均值為 μ、變異數（分布廣度的二次方）為 σ^2 的常態分配。而感覺訊號也能透過這種常態分配的形狀來詮釋。當然，刺激強度愈強，μ 的值也會愈大。

最大後驗機率推論與常態分配

如同先前所述，原因的推論便是尋找能讓後驗機率最大化的事件（最大後驗機率推定）。外界的事件幾乎都會隨機性地發生，且在多數情況下，它們都能被記述為常態分配這項機率分配。

平均值為 μ、變異數為 σ^2 的常態分配可以寫作下式：

$$f(x) = \frac{1}{\sqrt{2\pi\sigma^2}} e^{-\frac{(x-\mu)^2}{2\sigma^2}}$$

而在數學上，為了方便理解，我們會記述如下：

$$f(x) = \frac{1}{\sqrt{2\pi\sigma^2}} \exp\left(-\frac{(x-\mu)^2}{2\sigma^2}\right)$$

在這裡，我們只要將光刺激的強度或聲音刺激的大小等對象物大小設為 φ，便能夠用常態分配記述事件發生機率。更精確地說，我們已知平均值及變異數，並分別將它們設為 V_p 及 σ_p^2。這就是推論所需的前提知識，也就是先驗機率。而這項分配是藉由經驗而獲得的。也就是說，我們能將它記述為：

$$p(\phi) = \frac{1}{\sqrt{2\pi\sigma_p^2}} \exp\left(-\frac{\left(\phi - V_p\right)^2}{2\sigma_p^2}\right)$$

讓我們運用這項資訊來思考在腦部中傳遞的神經訊號吧。如同圖 II-15 顯示，通常訊號的強度也能用常態分配來呈現。通常訊號會依照 φ 的增加而變強，但訊號的強度（的平均值）並非 φ 本身，也不會與 φ 互成比例，實際產生的訊號大小會是 φ 的非線性函數 $g(\varphi)$（我們也能得知該函數的形狀，但為求簡化內容恕不詳細說明）。因此當 φ 發生時，產生出訊號 u 的條件機率可以寫作：

$$p(u|\phi) = \frac{1}{\sqrt{2\pi\sigma_u^2}} \exp\left(-\frac{\left(u - g(\phi)\right)^2}{2\sigma_u^2}\right) \quad （設變異數為 \sigma_u^2 ）$$

而訊號 u 也能記述如下：

$$u = g(\phi) + \varepsilon$$
$$P(\varepsilon) = N(0, \sigma_u^2)$$

此處 $N(0, \sigma_u^2)$ 的平均值為 0，變異數則是 σ_u^2 的雜訊。只要參考圖 II-15 這張「訊號＋雜訊」的說明圖，想必就能一目瞭然地理解本式了吧。

如同先前所述，後驗機率的比率便是先驗機率和條件機率相乘的結果。因此，我們要計算上述先驗機率和條件機率的乘積。由於先驗機率和條件機率都是常態分配，因此只要使用透過下式所得到的乘積：

$$e^A \times e^B = e^{A+B}$$

，該形狀自然也會和常態分配相同：

$$p(\phi) \cdot p(u|\phi) = \frac{1}{\sqrt{2\pi\sigma_p\sigma_u}} \exp\left(-\left(\frac{(\phi - V_p)^2}{2\sigma_p^2} + \frac{(u - g(\phi))^2}{2\sigma_u^2}\right)\right)$$

只要找出能讓後驗機率最大化的 φ，我們就能透過包含雜訊的訊號 μ，推論出外界產生的 φ（最大後驗機率推論）。換個說法，這就是「推論訊號 μ 產生的原因」。

接下來，由於先驗機率和條件機率的浮點數是：

$$-\frac{1}{2}\left(\frac{(\phi - V_p)^2}{\sigma_p^2} + \frac{(u - g(\phi))^2}{\sigma_u^2}\right)$$

因此只要求出它的最大值即可。

由於當 A 值為最小時便能求得 e^{-A} 的最大值，因此我們只要求出能讓下式最小化的 φ 值即可。

$$\frac{1}{2}\left(\frac{\left(\phi-V_p\right)^2}{\sigma_p^2}+\frac{\left(u-g\left(\phi\right)\right)^2}{\sigma_u^2}\right)$$

這麼一來，我們便能夠進行原因的推論了。此處的

$$\left(\phi-V_p\right)\text{與}\left(u-g\left(\phi\right)\right)$$

代表誤差（偏離平均值的程度）。而為了求出能讓上式最小化的 φ，我們會用 φ 對上式進行微分，求取函數的斜率，便能得到

$$\frac{\phi-V_p}{\sigma_p^2}-\frac{u-g\left(\phi\right)}{\sigma_u^2}g'\left(\phi\right)$$

，而我們要求出的，就是能讓這項斜率無限接近 0 的 φ。但是，腦部自然不會用數學的解析手法來求出這個值。通常，神經迴路所採取的方法，是自動地變更 φ 值，並在出現最小值時停止處理的手法。在數學中這種方法稱作梯度下降法，此處我們將說明該手法的核心概念（圖 II-16）。

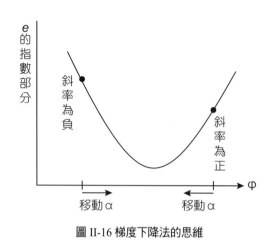

圖 II-16 梯度下降法的思維

　　圖中假定函數形狀屬於拋物線，但其實無論形狀是什麼都無關緊要。我們會稍許移動 φ 值的位置。在位於斜率為正的點時，φ 值便會變小，在位於斜率為負的點時 φ 值則會變大。這麼一來，φ 值就會逐漸接近函數的谷底，當抵達函數斜率為 0 的位置時便會停止。這是神經迴路也能輕易實現的處理方式。由於神經迴路網是透過電來進行處理，因此能在一瞬間就求出結果。

🔼 **point 17**　求出最大的後驗機率（＝先驗機率和條件機率的乘積比率），就是去尋找被認為是最常發生的原因。

透過感官輸入來評估對象大小的網絡

在這裡，讓我們假設要針對眼前對象物的大小進行推論。我們將用圖 II-17 詳細說明。首先，在看到對象物時，便會產生訊號 u 並輸入至該系統（輸入訊號包含雜訊）。另外，該系統還會接收來自高階中樞的對象物大小平均值（先驗知識）V_p。如此一來便能如同圖示，透過將預測誤差 ε 最小化，在腦內推論存在於外界的對象物大小 φ。也就是說，透過視覺神經訊號 u，便能進行外界對象物大小 φ 的推論。簡而言之，藉由無意識的推論，我們才能夠對該項對象物有所知覺。

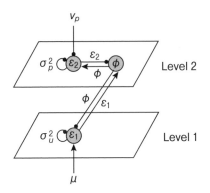

圖 II-17 針對位於眼前的對象物大小進行推論（知覺）的網絡

此外，在圖 II-17 之中，我們假設

$$\varepsilon_1 = \frac{u-g(\phi)}{\sigma_u^2}, \varepsilon_2 = \frac{\phi-V_p}{\sigma_p^2}, g(\phi) = \phi$$

　　若想了解更普遍的網絡結構，請參照圖 IV-3。圖中用箭頭表示興奮性突觸，用黑點表示抑制性突觸。φ 是推論大小的訊號。用來確認大小是否為 φ 的預測訊號，會從 Level 2 被傳送至 Level 1；ε_1 則是會計算它和輸入訊號的誤差，並傳送回 Level 2。若是這項誤差能藉由 Top-down（由上而下的）訊號 φ 而被完全抑制，便能得到精確的推論。這稱作誤差訊號的抑制，在腦內的所有部位都能觀察到這種現象。此外，這個概念就相當於腦波之中的不匹配負向波（Mismatch negativity; MMN）。V_p 就是先驗知識，而 ε_2 則是負責計算平均物體大小和眼前物體大小的差距。只要能泛化這個概念，就應該能了解知覺與認知具有（密不可分的）關連吧。

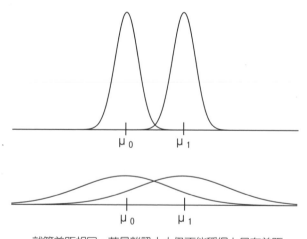

就算差距相同，若是雜訊太大仍不能稱得上具有差距

圖 II-18 變異數（雜訊）的大小相異的訊號

注意、精度與預測誤差

　　話說回來，文中頻繁出現的「精度」這項用語，是弗里斯頓的自由能原理（free energy principle）中的重要概念。在說明神經元運作時，精度會扮演至關重要的角色，更是「理解情感障礙」中的重要概念。正確地說，專家指出它是理解精神疾病的關鍵，該門學問則稱作「精度精神醫學」。讓我們來思考它所代表的含意（圖 II-18）。如同上述，我們要找出最小值的是 $\frac{(x-\mu)^2}{2\sigma^2}$（的函數總和），而不是誤差（x-$\mu$）^{2}。也就是說，我們要將誤差乘上 $\frac{1}{2\sigma^2}$。由於常數並不會對最小化造成影響，因此 $\frac{(x-\mu)^2}{\sigma^2}$ 會扮演重要的角色。此處的變異數是訊號的偏移程度，而變異數的倒數則稱作精度。由此可見，在雜訊較大的情況下，透過精度的疊加便能使誤差變小。這就是為什麼有時儘管雜訊大，卻仍然看不到誤差的原因。

　　由此可見，先前提到要找出最小值的函數，就是疊加兩項精度的（預測）誤差總和。因此我們只要變更 φ 值，盡可能運用精度讓疊加的（預測）誤差總和變小即可。而每項預測誤差都是 φ 的函數。只要將 φ 值（代表假說或信念）決定為一常數，就能得到（預測）誤差。接下來，只要用圖 II-16 的方式計算斜率，逐漸朝谷底下降便能找出答案（更新信念）。也就是說，腦部能夠透過感覺資訊（及先驗知識）來進行外界物體大小的推論。而神經迴路能輕易地解開這個問題，其手法與 II-1. 講述的推論方法

（川人‧乾，1990）一模一樣。

　　想必各位已經透過上述內容理解，只要透過預測誤差的最小化，就能計算後驗機率。但是，還有一項重要的問題。那就是推論需要先有知識（先驗機率），而如同先前所示，這項知識已包含著平均值及變異數等參數。因此，我們必須在同一時間透過經驗來學習這些參數。

　　關於這個問題，理論研究顯示，腦部能夠遵循赫布學習法則來從事學習。也就是說，推論的精度會在學習的同時持續上升。赫布學習法則是由心理學家赫布構想出的突觸學習法則，大意是突觸間有所連結的兩神經元會在同時活躍時，強化兩者突觸間的耦合強度。

　　統整上述，腦部能夠藉由視網膜產生的客體視網膜影像，進行「客體的大小」這其中一項原因的推論。

第 II 章的統整

　　從上游預測下游狀態的訊號 φ 稱作信念。此外，只要改寫預測訊號或信念就能讓預測誤差最小化。此時應留意的是，這裡預測誤差的意思是在經過精度疊加後呈現出的誤差。由此可見，腦部能「在精度低的情況，也就是訊號雜訊（變異數）較大的情況，預測誤差就會相對較小，進而做出不必改寫預測信號或信念的判斷」。

　　近年來，我們已逐漸能透過這樣的理論框架來說明情感障礙或情緒障礙。一般而言，預測誤差較小，便意味著上游的腦區「正確地理解」來自下游的訊號。如果這項理解有問題，就意味著無法讓預測誤差最小化，上層的認知層級就會產生所謂的自我效能感低迷，而這也被認為是導致精神疲勞的原因。我們會在下一章詳細討論這點。

　　順帶一提，透過 I-4.〈促進學習的多巴胺〉（頁 66）及 II-5.〈注意與突觸〉（頁 99）提及的多巴胺等效果，便能增強耦合突觸之中（訊號傳達彼端）的前端神經元（稱作突觸後神經元）的反應。讓我們再度思考，這種針對預測誤差進行編碼的情況究竟具有什麼意義。如同先前所述，一般來說所謂的誤差，就是訊號強度的差距乘以精度（變異數的倒數）。也就是說，這代表藉由將注意朝向某方，便能夠提升精度。

　　統整上述，將注意朝向正在計算預測誤差的神經元，便等同於一時性地提升訊號精度。相反地，我們可以得知「對於精度差的訊號，就會做出不具預測誤差的判斷，因此不會轉移注意」。此外，研究顯示只要投藥促進多巴胺，注意功能便會上升，實驗參加者對於瞬間呈現單字的回報正確率及確信程度也會增加（Lou et al., 2011）。

🔼 point 18　將注意力朝向某方，便是在提升感官訊號與
　　　　　　　內在訊號的精度。

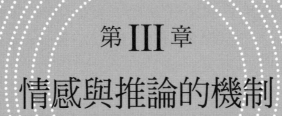

第 III 章

情感與推論的機制

III-1. 理解情感障礙的基礎思維

　　我們將在本章思考憂鬱症、焦慮症、述情障礙（情感難言症），以及具有高度述情障礙傾向的自閉症機制。此外，我們也會一併思考決策及情感調整的機制。

　　憂鬱症是由包含動機低迷的多項要素構成的障礙，會引發認知、注意、記憶、情緒等障礙，並會在生理上造成進食、睡眠及性功能障礙。此外，根據保羅和斯坦的報告，具有高度不安傾向的人，會對內在感覺的預測訊號有較強的自覺（Paulus & Stein, 2006）。如同先前所述，預測訊號是對身體狀態抱持的信念，而不安傾向較高的人所產生的預測訊號，會比身體的實際狀態還要強上許多。一般認為原因出在前島葉皮質上。根據古德坎等人的報告，憂鬱症、焦慮症、雙極性疾患、思覺失調症、強迫症等患者，皆在背側前扣帶迴及腦島之中觀察到灰質體積減少的現象（Goodkind et al., 2015）。本書已不厭其煩地複述，這兩個部位都是情感中樞的重要部位。

　　另外，若是持續處於慢性壓力的狀態，交感神經便會過度亢奮，導致血液中的一種白血球——免疫細胞的增加。它們本來具有抑制體內炎症的功用，但數量過剩時反而會使消化器官或呼吸器官產生炎症反應。這就是壓力會導致胃炎的理由。另外，據說若是因某種理由導致體內平衡失調，該過程中就會產生炎症反應。到了最近，研究釐清憂鬱症患者的情感中樞的炎症反應較健

康正常人高出約 30%（Setiawan et al., 2015）。但是，腦部的炎症究竟和憂鬱症等各種症狀有著什麼樣的關係呢？

接下來，我們將回顧過往以來的洞見，並用更加條理分明的方式來思考情感障礙的機制。

情感障礙會讓預測誤差無法下降

請設想下列情況：儘管試圖調節自身的身體狀態，卻因某種理由導致無法降低。一般認為在這種情況下，我們便無法調整後設認知（metacognition）[1] 狀態下的信念，造成自我效能感的低迷，進而引發疲勞感。這種類型的疲勞與肉體上的疲勞並不相同，因此就算靜下修養也不會好轉。接著，低迷的自我效能感通常會降低對壓力的抵抗能力，增加罹患各種精神疾病的危險性。

話說回來，知覺與運動的差別在於，知覺是如同上一章所述地根據輸入訊號進行預測（信念）的改寫，藉此進行輸入成因（也就是外界屬性）的推論；相對地，運動則是以預測訊號的形式將目標姿勢（內臟運動的情形則是內臟狀態）傳送至末梢後，身體狀態便會試圖將預測誤差降至最低而做出改變，讓目標的狀態得以實現（參照 IV-3.）。而在進行運動時，知覺的預測也必須做出改變。這就是知覺與運動的差異。我們將在下一章說明，

---

1. 譯註：對自身認知產生的認知。依研究領域的差異，可能具有不同定義。

透過這幾種方法，便能讓自由能有所減少。

如同 II-2.（圖 II-6, 圖 II-7）所述，前島葉及前扣帶迴在內臟狀態的理解中扮演重要的角色。多項種類的資訊都會由後往前地在腦島經過處理，其中前島葉更負責統合視覺、嗅覺、味覺、聽覺、體感覺等多種資訊，儼然就是腦內的重要樞紐。前島葉位於額葉之中，負責統合體內平衡、環境刺激、快感、不快感、動機、社會因素及認知因素，被認為是形成自我知覺的區域（圖 III-1）。換句話說，前島葉負責將我們「所見、所聞、所感」的事物統合為內在預測的影響因子，打造出身體的多種感官能力。因此，這個區域會形成經過統合的意識體驗基礎，被稱為「身體自我的基礎」。

另一方面，如同 I-3. 所述，前扣帶迴及眼窩額葉皮質是屬於內臟運動皮質。我們已經得知，在憂鬱症症狀出現之前，前扣帶

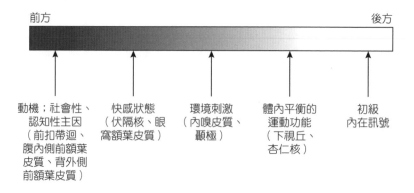

圖 III-1 輸入至腦島的各種資訊

出處：改編自 Craig (2009a)

迴及後眼窩額葉皮質會出現結構異常或慢性代謝亢進。前扣帶迴及後眼窩額葉皮質屬於無顆粒狀運動皮質。一般來說，大腦皮質從表面至深處共具有六層結構，然而此處的第四層卻是屬於未發育的無顆粒狀皮質，因此我們無法看到本應出現在第四層的顆粒狀細胞。從計算理論來看，研究認為預測誤差的訊號是被輸入至第四層與第三層下方（3B 層）的神經元（Shipp et al., 2013）。基於這個理由，一般認為內臟運動皮質等無顆粒皮質對預測誤差敏感度並不高。因此，自無顆粒狀皮質發出的預測訊號不容易受到預測誤差修正，大多情況下它們只是針對預期的體內平衡來預測未來（請參照圖 III-2 及圖 II-6, 圖 II-7）。也就是說，我們所體驗的內臟感覺，在大多情況下都算是腦部遵循過去經驗而進行的預測。

　　內臟運動皮質則是負責預測未來需要的自律神經、代謝及

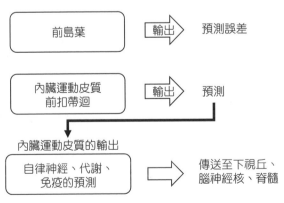

圖 III-2 接受預測與預測誤差輸出訊號的部位

免疫狀態，為了達到這個目的，它會讓運動指令（預測訊號）經由自律神經傳達至內臟。藉由這項訊號傳遞，便能讓內臟狀態產生目前所需的變化。此處應注意的是，無顆粒狀內臟運動皮質並非進行視覺或聽覺等知覺推論，而是負責運動執行的部分。如同上述，相較於知覺系統，該部位對於預測誤差的敏感度較低，難以針對預測誤差進行修正。因此，我們會單憑從無顆粒性皮質傳出的預測訊號，依循過去經驗來體驗身體的變化（Barrett & Simmons, 2015）。

在憂鬱症症狀出現前，無顆粒性內臟運動皮質會出現結構異常或慢性代謝亢進（活躍程度上升），導致傳送至內臟的預測訊號（運動指令）過於強烈。也就是說，內臟運動皮質會做出高於需要的代謝能預測。而且如同前述，內臟運動皮質對於預測誤差的敏感度不佳，這項結構性的理由使它幾乎無法發揮改寫運動指令的功用。另一方面，儘管內臟會將內在訊號反饋至以腦島為主的內臟感覺皮質（圖 II-6, 圖 II-7），但由於慢性代謝亢進所致，這些內在訊號應會包含大量的雜訊。造成修正誤差功能低迷的其中一個原因，有可能就是這些內在訊號的雜訊。如同 II-6. 所述，當訊號中的雜訊愈大時，就愈難檢測出它和預測訊號之間的差異（預測誤差≈0）。這些在憂鬱症症狀出現的前一階段中產生的異狀，會造成自律神經、代謝及免疫系統持續亢奮運作，進而導致前述的自我效能感低迷（Stephan et al., 2016）。

從能量代謝障礙的觀點來看待憂鬱症

　　腦部會預測身體較可能做出的要求，並進行能量調整，試圖在它產生前做好滿足要求的準備。這便是所謂的身體調適。這項預測會讓自律神經系統、代謝、免疫等身體的內部系統產生變化。

　　憂鬱症是由自律神經系統、代謝、免疫等系統異常所造成的，是屬於身體調適的障礙。巴瑞特等人認為，憂鬱症是源自於腦部因能量調節效率低落而呈現出的閉鎖狀態（也就是對預測誤差的敏感度相對低迷）（Barrett et al., 2016）（圖 III-3）。如同上一章所述，訊號精度的下降會使預測訊號（相對）低落。這麼一來，中樞便無法付諸注意（請同時參照 II-6.），無視來自於身體的訊號，而這樣的情形與沒有訊號別無二致。這就是所謂的閉鎖狀態。

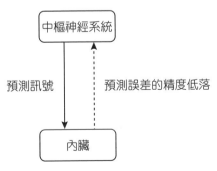

圖 III-3 閉鎖狀態 (locked in) 的腦部

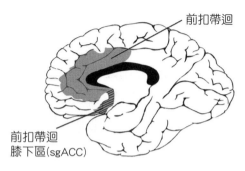

前扣帶迴

前扣帶迴
膝下區(sgACC)

圖 III-4 前扣帶迴膝下區的位置

　　我們能觀察到，憂鬱症患者在與情感及社會性功能緊密相關的前扣帶迴膝下區（sgACC：圖 III-4）的靜止代謝量有較高的傾向。前扣帶迴膝下區過於活躍會造成代謝及能量管理的效率低落，可能會導致疲勞或精神低迷。

　　接下來，我們將更詳細地思考引發憂鬱症的機制。

III-2. 憂鬱症的本質

憂鬱症與細胞介素

　　炎症是經由化學、物理作用或細菌感染而產生的細胞反應。知名案例有因杉樹花粉引起的炎症、流感病毒引起的炎症、痤瘡丙酸桿菌引起的粉刺、還有因壓力造成的胃炎等等。掌管細胞之間資訊傳遞的蛋白質稱作細胞介素（cytokine），具有許多種類。而引發炎症的促炎性細胞因子（inflammatory cytokine）便是其中一種，長久以來研究者也認為，神經退化的原因可能就是促炎性細胞因子。此外，除了神經細胞以外，其他組成腦部的細胞稱作神經膠細胞。研究釐清，神經膠細胞之中一種負責處理炎症反應的微膠細胞的活躍，會造成過度的炎症反應（Nakano et al., 2017）。罹患流行病而引起炎症反應時，會產生食慾不振、睏倦、痛覺過敏、疲勞感、抑鬱感。這些現象被稱作疾病行為（sickness behavior）（如 Kent et al., 1992）。我們已經得知，憂鬱症患者的促炎性細胞因子含量會有上升的傾向。促炎性細胞因子是具有促進炎症反應功效的物質，同時也是會伴隨身體末梢部位或中樞神經等處的炎症反應而自免疫細胞分泌的物質。

　　另一方面，治療肝炎等疾病時使用的 α 型干擾素及 β 型干擾素，具有抑制炎症的消炎作用。只要在動物身上投入促炎性細胞因子，就會引發憂鬱症特有的行動。此外，若是長期對人類進

行 α 型干擾素的投藥，就會讓促炎性細胞因子上升，呈現重度憂鬱症[2]的情態。有趣的是，在開始導入 α 型干擾素治療的前兩週，我們能觀察到患者疲勞及心理動作的平緩化、進食障礙、睡眠障礙等現象；而在經過一至三個月的治療後，更會得到憂鬱情緒、快感的消失、不安、煩躁感、注意缺陷、記憶障礙等主觀報告。此外，經過四至六週的 α 型干擾素投藥，傳送至伏隔核的多巴胺分泌量會產生明顯的下降，而報告指出這項活動的低迷與快感的消失、抑鬱、疲勞具有顯著的相關關係（Capuron et al., 2012）。

🔼 **point 19**　α 型干擾素會導致伏隔核多巴胺的下降及活動低迷。
這與快感的消失、抑鬱、疲勞具有相關關係。

　　哈里森等人讓實驗參加者接受傷寒的疫苗接種，並在三小時後實施強化學習的任務（Harrison et al., 2016）。結果顯示，炎症反應會對行為造成劇烈的偏差。具體來說，與針對酬賞的敏感度相比，針對懲罰的敏感度增強了。而且，伏隔核（酬賞）與前島葉（懲罰）的活動也有所變化。這是因為處理酬賞預測誤差的伏隔核反應下降，相反的，處理懲罰預測誤差的前島葉反應則是變強了。在抑鬱狀態下，我們對正面事件感到的喜悅會下降，還會對包含痛覺過敏在內的負面事件產生更高的敏感度及逃避傾向。

---

2. 譯註：根據 DSM-IV-TR 精神疾病診斷準則手冊定義。

而哈里森等人的實驗結果，即能說明這種機制。

　　在癌症、病毒感染、神經病患及情緒障礙等各種病例的回報中，都反映出疲勞和發炎指標之間具有關係，這些事實讓我們進一步釐清疲勞是透過某種炎症而產生的。透過末梢及中樞神經系統釋出的炎症相關傳導物質，會改變代謝及神經傳導物質的活動，進而使神經營養因子減少，嚴重妨礙神經元所在的環境。研究釐清，實驗參加者在因傷寒預防接種而產生炎症反應的同時，引發了疲勞、心理動作的平緩化、輕度認知混亂、記憶障礙、不安及憂鬱症症狀中的情緒惡化等症狀。此外，受到促炎性細胞因子的影響，實驗參加者會在動機過程中的早期階段便變更目標。這代表疲勞及心理動作的平緩化可能和腦島的活躍程度變化相對應（Harrison et al., 2009a）。

　　也有報告顯示，腦島及前扣帶迴的活躍程度會隨著疲勞而上升（Harrison et al., 2009b）。

測量憂鬱症中的炎症反應

　　最近研究者已奠基於上一節介紹的研究背景，開始進行關於憂鬱症中樞神經系統的炎症反應研究。首先，上一節所述的微膠細胞會在中樞神經系統之中接觸突觸及軸突並調節它們的功能，而神經炎症更是會間接性地活化這種細胞。塞蒂亞萬等人運用PET（正子放射斷層掃描）來間接測量這種炎症反應（Setiawan et al., 2015）。結果顯示，憂鬱症患者的前額葉、前扣帶迴、腦島產生的炎症反應皆較健康正常人高出約 30%。而且，前扣帶迴的炎症反應程度與重度憂鬱症的症狀程度呈現出正相關關係。此外，福爾摩斯等人也進行了相同的研究，而他們不僅發現前扣帶迴炎症反應的上升，還得知具自殺意念（有自殺念頭）的患者的腦島及前扣帶迴的炎症反應呈現顯著的增加（Holmes et al., 2017）。這項發現被解讀為強烈壓力造成體內平衡的混亂，引發免疫反應的異常，進而透過細胞介素對中樞神經系統造成影響。

此外，炎症會對多巴胺、去甲腎上腺素、血清素等傳遞物質帶來莫大的影響。如同先前所述，在額葉與紋狀體之間的學習中發揮作用的多巴胺，會對決策造成甚大影響。藉由與炎症相關的傳遞物質的影響，會使基底核通路中的多巴胺作用低迷，引發重度憂鬱症障礙中的失樂症（anhedonia）。此外，炎症與去甲腎上腺素的障礙也有關連，會進而導致持續性注意功能的低迷。而與炎症有關的疲勞，則是和中腦島及後腦島的活動有所關連，一般認為疲勞的覺察是在腦島產生的。根據丹徹等人的研究，疲勞的感覺是透過炎性內在刺激而在腦島產生，至於意欲低迷則是前扣帶迴透過來自於基底核的輸出訊號而引發的（參照圖 III-5）（Dantzer et al., 2014）。如同第 I 章（圖 I-22）所述，基底核會接受來自大腦皮質的輸入訊號，並再度將資訊傳回大腦皮質。另外，基底核通路共有七種，而其中一種便是包含前扣帶迴的通路。

point 20　腦島會讓我們感到疲勞，而前扣帶迴則是
會造成意欲的低迷。

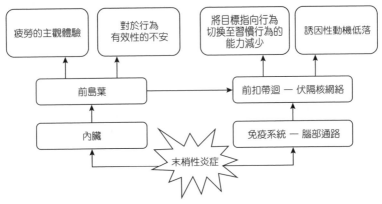

圖 III-5 因炎症而導致疾病行為產生的機制

出處：改編自 Dantzer et al. (2014)

　　哈里森等人讓實驗參加者接受傷寒的預防接種，並在之後實
施表情認知任務。結果顯示，預防接種的三個小時後會產生炎症
反應及情緒低迷（Harrison et al., 2009a）。而情緒低迷的程度，
則是與進行臉部情緒處理時的前扣帶迴膝下區的活躍上升程度具
相關關係。而且，自前扣帶迴膝下區至杏仁核、內側前額葉、伏
隔核、顳葉顳上迴的功能性連結也會隨著情緒低迷而下降。統整
上述，促炎性細胞因子似乎具有依情緒讓來自於前扣帶迴膝下區
的功能性連結減弱的功用。這顯示憂鬱症的基礎與這項生理學上
的變化有關。

point 21　憂鬱症的本質是「炎症」。

憂鬱症的發作與其過程

我們將在此處介紹巴瑞特與西蒙斯對內在感覺抱持的觀點
（Barrett & Simmons, 2015）。如同先前所述，根據自由能原理
或預測編碼理論，在計算預測誤差時，若是訊號的精度過低，誤
差就不會遭到修正，預測也就會維持如初。我們已經在先前說
明，在短期間上行性感覺輸入訊號中具有大量雜訊或不精確的情
況下，預測不會受到更新，而是會維持原樣。在這個情況下，為
了產生如同預測的感官輸入，身體的自律神經系統、代謝系統或
免疫系統便會持續處於活躍的狀態。這些自律神經、內分泌或免
疫的變化，會進一步與雜訊眾多的上行性內在感覺輸入產生連
結，造成正向反饋迴路（圖 III-6）。

但是，自律神經系統、內分泌系統與免疫系統的活動都個別

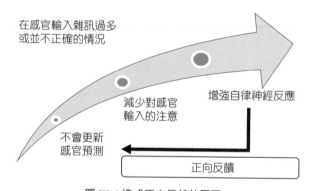

圖 III-6 造成正向反饋的原因
出處：引用自 Seth & Friston (2016)

具有範圍上的限制，因此這些預測誤差訊號幾乎不可能一直受到擱置。如同上述，一般認為若是持續處於活躍的狀態，為了減少能量消耗，到了某個時間點，與負向情感或疲勞相關的疾病行為就會出現，並開始控制身體。

另一方面，也有人對自己的內臟感覺特別敏銳或遲鈍（敏感度的個體差異），也有各式各樣的實驗在研究這種敏感度的個體差異（參照下一節）。每個人內在感覺的敏感度差異，與右前島葉的灰質大小具有高度相關關係。在將注意朝向內在感覺的期間，背側中腦島的活躍程度會與憂鬱症症狀嚴重程度成反比（Avery et al., 2014）。此外，對背側中腦島及憂鬱症有著莫大影響的前帶狀迴膝下區和前島葉之間的連結強度，則是與憂鬱症症狀嚴重程度成正比。另外，各項研究顯示，前帶狀迴膝下區的活躍程度，會在憂鬱症的恢復期間內呈現下降的傾向。

⬆ point 22　前扣帶迴膝下區（**sgACC**）的活動，便是與憂鬱症相關的標記。

◎ further study 3

在承受壓力時，我們就會分泌皮質醇這項壓力荷爾蒙。然而，透過負向反饋機制，只要過一陣子，我們便得以抑制住皮質醇的分泌。但是，當罹患憂鬱症時，這項負向反饋機制就無法順利運作，讓皮質醇的分泌無法受到抑制。一般認為，這項原因會使身體做出更多代謝能量的預測，無法維持體內平衡，進而誘發

炎症反應。我們已在先前說明,長期進行 α 型干擾素的投藥,會呈現重度憂鬱症的情態。不僅如此,促炎性細胞因子也是和下列各種疾病與憂鬱症有關的原因,其功用備受矚目。比方說,阿茲海默症或帕金森氏症等神經退化性疾病、大腸激躁症(IBS)等腸胃道功能障礙、多發性硬化症等自我免疫缺陷,以及人類免疫缺乏病毒(HIV)等感染性疾病。

Science 於 2010 年發表的十大研究成果之中,就包含「炎症」與「人體微生物群[3]」。由此可知,現在內臟與腦部運作之間關係的研究備受矚目,迅速且不間斷地進步發展。

---

3. human microbiome, 代表體內微生物的群集。

III-3. 其他情感障礙

焦慮症與預測誤差

我們已經得知，具高度不安傾向的人，會強烈傾向於將自身內在感覺視為危險或恐懼的徵兆，腦島也會出現過度活躍的現象。保羅和斯坦認為，前島葉會針對某項刺激產生未來可能發生的負面身體狀態資訊，也就是針對未來厭惡狀態產生預測訊號（Paulus & Stein, 2006）。不光是焦慮症，抱有高度不安情感的人，也對內在感覺的預測訊號有著更高的知覺傾向，而這種現象被認為是來自於前島葉的運作。由於這些人的內在感覺預測訊號實在太高了，因此會與實際由觀察得知的身體資訊之間產生極大的誤差。保羅和斯坦認為，為了降低這項龐大的誤差，這些人會採取典型特有的認知（擔憂）及行為（逃避）。統整上述，他們認為焦慮症或具高度不安傾向的人（容易感到不安的人），前腦葉會呈現過度活躍的現象，這反映出內在感覺存在著龐大的預測誤差，進而讓這些人歷經持續性的不安或擔憂。也有報告顯示，若是焦慮症有所恢復，前島葉的活躍程度就會呈現隨之下降的傾向。

在 PTSD（創傷後壓力症候群）或社交恐懼症等特定的恐懼症之中，杏仁核及腦島都會呈現過度活躍的現象（Etkin & Wager, 2007）。此外，根據實驗回報，即便是在健康正常人之中，狀況

焦慮（對實驗實施日感到不安的程度）愈高的人，其前島葉和杏仁核之間的功能性連結也會愈強（Baur et al., 2013）。此外，根據特雷德韋等人實驗顯示，左腦紋狀體及腹內側前額葉皮質的多巴胺反應愈高的人，就愈有對高度酬賞付出大量努力的意願；與此相對，產生於左右腦中的腦島的多巴胺反應則是與付出努力的意願呈負相關（Treadway et al., 2012）。也就是說，左右腦中的腦島多巴胺反應愈高的人，抱持的意欲會愈低。從眾多實驗結果來看，腦島——尤其是前島葉——的運作，與（不安等）負面情感密切相關。

⊕ point 23　在紋狀體及腹內側前額葉皮質的多巴胺反應會提升動機，腦島的多巴胺反應則是會讓動機降低。

我們會使用讓實驗參加者聆聽自身心跳數的這項聽覺反饋手法，來進行對自我身體知覺的準確程度檢測（參照 II-4., 頁91）。這項方法會刻意讓參加者聆聽較實際心跳更慢的心跳聲（聽覺反饋），測量延遲時間要有多久，他們才會注意到聲音較慢的事實。我們從這類實驗得知，相較於同步的心跳反饋，當反饋並未同步時右腦前島葉的活躍程度較強（Gray et al., 2007）。如同先前所述，這項事實為前島葉是實際內在感覺和預測訊號的比較器的這項想法提供有力的證據（參照圖 II-6, 圖 II-7）。此外，有些人對自身內在感覺的狀態較為敏銳或遲鈍，而許多實驗都在研究這種敏感度的個體差異。每個人的內在敏感度的差異，

與右腦前島葉的灰質體積大小具高度相關關係。而且，實驗釐清，敏感度及灰質體積也和日常不安傾向的強度具有相關關係（Critchley et al., 2004）。一般認為，主觀上的不安也是建立於先前反覆提及的前島葉機制基礎之上。前島葉的活動，也在決策場面中備受矚目（詳細內容請參照 III-5.〈生活在無法確知的日常〉（頁 143））。

point 24　前島葉是內在訊號及預測訊號的比較器。

述情障礙與內在感覺

　　述情障礙（Alexithymia）是難以自覺或展現自身情感的疾病。本書對情緒及情感做出區別，定義情感是建立於預測內在訊號的基礎上的產物。有鑑於此，在我們的觀點之中，述情障礙顯然是和內在感覺有關的某種障礙。實際上，實驗證實罹患述情障礙的人，對於運用到心跳的內在感覺精度也會較為低落（Shah et al., 2016）。通常研究者會使用在指定時間內進行自身心跳數計數的任務，來測量運用心跳的內在感覺精度。而內在感覺的測量基準除了正確性之外，還能測得敏感度、自我評價等等（表 III-1）。此外，根據回報顯示，述情障礙還會造成生理喚起程度的知覺低迷（Gaigg et al., 2018）、情感之外的內在資訊（如體溫、空腹感、飽足感等）知覺障礙（Brewer et al., 2016）等現象。

表 III-1 內在感覺相關的各種指標

內在敏感度	如在賦予稍微錯開實際心跳的聽覺反饋時，能察覺到心跳數與聽覺反饋之間具有差異的時間延遲辨別閾值大小 [4]
內在感覺的精度	主要是在指定時間之內進行心跳數計數的任務，並測量其精度
內在感覺的自我評價	透過問卷進行對自身內臟感覺或身體狀態的理解準確程度這項自我評價

　　有趣的是，述情障礙的症狀愈嚴重，模仿抑制任務的成績表現就愈高。所謂的模仿抑制，就是像在看見他人舉起食指時，抑制該項行為的模仿，並舉起中指替代該項動作的任務。通常，模仿抑制任務會比模仿任務（若是他人舉起食指，自己就一樣舉起食指）來得困難。這是因為和他人做出不同動作，就必須抑制模仿行為。此外，我們已經得知模仿抑制的功能，與區別自我及他人、站在他人立場（觀點取替）的功能具有緊密的關連。若是內在感覺精度低迷，原因要不是內在預測訊號的精度低迷，就是內在訊號本身的精度就很低。根據回報顯示，述情障礙會使前島葉活躍程度低迷。而且，述情障礙的症狀愈嚴重，共情性便會愈低（Silani et al., 2008）。而內在感覺的精度，則是如表 III-2 所示，依照疾病的不同被分類為高精度組及低精度組。

---

4. 譯者註：即從無法察覺轉變為能察覺的最小延遲程度。

表 III-2 依據內在感覺的精度進行的疾病分類

精度過高	恐慌症、焦慮症
精度過低	述情障礙、進食障礙、憂鬱症、解離性身份障礙

在述情障礙患者中觀察到的情感自覺功能障礙症狀，除了會出現在紡錘體神經元退化的情形外，也時常會出現在前述的自閉症的症狀之中（Gu et al., 2013）。從述情障礙和模仿抑制或觀點取替等功能有關的這點來看，自閉症與述情障礙同時出現也不會是多不可思議的事。

接下來我們會介紹自閉症的情感覺察及關於理解的障礙，並一併詳述自閉症究竟是基於什麼原因而產生的。

III-4. 自閉症、催產素與社會性

　　自閉症類群障礙（Autism Spectrum Disorders: ASD）是透過下列兩項特徵而定義出的神經發展障礙：

項目 A：長期缺乏社會溝通與社會互動

項目 B：侷限且反覆性的行為、興趣或活動模式

（American Psychiatric Association, 2013）。

項目 A 能進一步分類為下列三大領域：

A-1. 社會情感的相互性困難（社會性接近、會話、同理心、共同注意）

A-2. 非言語溝通的使用及理解困難（言語—非言語統合、眼神交流、表情、手勢）

A-3. 人際關係的構築及維持困難（配合社會脈絡的行為調整、交友關係、扮演遊戲）

另外，項目 B 則是能進一步分類為下列四大領域：

B-1. 反覆運動（刻板化行為、模仿言語、反覆操作物品、特異性詞彙）

B-2. 對習慣的執著（儀式性行為模式、對食物的執著、重複提問、對變化的過敏反應）

B-3. 侷限性的強烈好奇心或關注

B-4. 感覺過敏或遲鈍（溫痛覺、聽覺、觸覺、嗅覺、視覺）

內在感覺、預測誤差與自閉症

　　最近，研究者開始使用心跳追蹤任務，將內在感覺的精度量化，並進行自閉症及對照組的比較。實驗顯示，雖然自閉症內在感覺精度的客觀測定值較低，但在問卷的回答之中，他們的主觀內在感覺則是相對較高（Garfinkel et al., 2016）。主觀評價是他們對於自身內在感覺的信念，也是內在感覺的自我評價。結果顯示，自閉症的主觀值及客觀值的差異（研究者將此稱作內在感覺特徵預測誤差（ITPE））較大，與 EQ（共情商數）呈現負相關。也就是說，ITPE 愈低的人共情商數就會愈高。有趣的是，自閉症與對照組中的所有人的 ITPE 大小，都和自身回報的不安程度具相關關係。這和本章所介紹的保羅和斯坦（Paulus & Stein, 2006）的主張，也就是將不安及內在感覺預測誤差做出關聯結論（儘管沒有使用貝氏框架）相當一致。他們認為，具有較高內在感覺的敏銳度的人，會不間斷地針對內在訊號的先驗機率做出貝氏推論中的最優化更新。相反地，內在感覺精度低的人，則是就算在心跳追蹤任務中付諸注意，也無法提升內在感覺的精度（有關注意功能及精度，請參照 II-5.）。

為什麼會羅患自閉症呢？

　　我們認為，若下列兩項異常狀態同時發生，便會引發自閉症

（Inui, Kumagaya, & Myowa, 2017）（圖 III-7）。

①於胎齡 3~4 週前後的神經管閉鎖時期產生的橋腦發育不良

①產期發生 GABA 開關（GABA-switch）功能異常

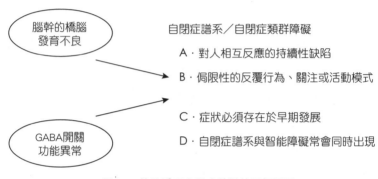

圖 III-7 能夠說明自閉症特徵的兩個原因

在受精卵開始卵裂後，神經管便大約會在胎齡 3~4 週前後時產生。這就是神經系統發展的起始。神經管開始閉鎖的部位將來會發展為腦幹（參照圖 I-13）。我們從各式各樣的洞見推斷，腦幹之中稱作橋腦的部位形成中發生的異常便是罹患自閉症的原因。

另外，主要透過母體的催產素所產生的 GABA 開關的這個現象，也就是②中的 GABA 開關無法順利運作的情形便是另一項原因。我們知道對成人來說 GABA 是抑制性的傳導物質，但其實它對胎兒是屬於興奮性，並會在週產期時透過催產素轉變為抑制性物質。這項變化稱作 GABA 開關。催產素本來就參與了

乳腺肌及子宮肌的收縮過程，具有促進生產的功用。而這項催產素其實還會在之後打造出抑制能力這項神經資訊處理中的重要功能（圖 III-8）。

GABA 開關

興奮性　➡　週產期　➡　抑制性

圖 III-8 GABA 開關

　　自閉症的孩子時常會出現睡眠節律的異常，而橋腦便是在快速動眼睡眠節律的控制中扮演重要角色的腦區，具有控制睡眠節律的 REM-off 神經元及 REM-on 神經元。此外，連接大腦與小腦的通路的核心部位也是橋腦。橋腦也會分泌去甲腎上腺素，而這便是和變更行為選擇的通融性、以及注意轉換等功能相關連的神經傳導物質。而且，橋腦還有著對聽覺極為重要的中縫核（MRN, Median raphe nucleus）。我們可以由此窺知，橋腦的發育不良會造成睡眠節律、運動控制、行為的選擇通融性、注意轉換、聽覺反應等功能的影響。

　　在中樞神經系統的發展之中，最重要的事就是各個腦區都需要接收到適當的輸入。我們可以推測，神經管閉鎖時發生的橋腦結構異常，之後會對和橋腦有雙向密集連結的腦區結構及功能發展造成直接影響。如與腦島連結的臂旁核（parabrachial nucleus），便是和杏仁核有雙向連結。因此，一般認為橋腦的障礙會使訊號或物質無法恰當地傳遞至杏仁核，引發杏仁核的精細結構異常。此外我們也能預見，GABA 開關的異常，也會讓杏仁核的抑制功能低落，使自閉症患者的杏仁核產生過度活躍的情形。

而且，被認為容易受橋腦的早期發展異常直接影響的杏仁核，與外側眼窩前額皮質、內側眼窩前額皮質、腦島、前扣帶迴、顳葉顳上迴、額下迴等腦區具有強力的交互作用（Amaral et al., 1992; Amaral & Price, 1984; Grezes et al., 2009）。這些腦區正是組成所謂的「社會腦」網絡的部位（它們也多是屬於情感中樞）。我們推測，若杏仁核的發育產生異常，就會間接對傳送至這些腦區的適當訊號造成損害，結果導致這些腦區也產生細胞結構學上的異常（Inui, 2013, 參照圖 III-9）。

GABA 還有另一項重要的功用。腦部為了適應出生後所處的環境，會在誕生時留下過多的線路結構。在出生後的一段時間之內，不必要的配線會遭到修剪，只留下需要的線路。這段期間稱作關鍵期或敏銳期，而 GABA 正是揭開關鍵期序幕的角色。只要去除一種釋放 GABA 的神經元（正確名稱是 PV+ 細胞（parvalbumin 陽性細胞）），就能無限延緩關鍵期的開始時間（Fagiolini & Hensch, 2000）。此外，根據吳等人實驗顯示，GABA 本身就具有去除皮質中的抑制神經元及促進修剪軸突的功能（Wu et al., 2012）。我們可以藉此宣稱，當缺乏 GABA 時，

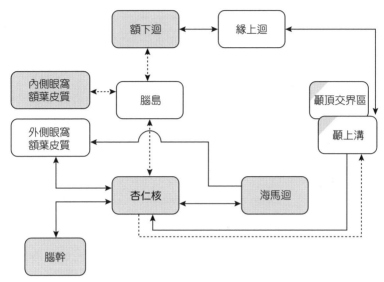

圖 III-9 自閉症的胞內網絡

出處：Inui (2013)

抑制性神經元中突觸的去除及軸突的修剪速度便會遲緩，導致突觸的數量過多。我們也確實在自閉症幼兒的腦部中，觀察到突觸的過度連結。而且，可塑性變化需要有乙醯膽鹼（Acetylcholine, ACh）及去甲腎上腺素的同時作用參與（Bear & Singer, 1986）。如同先前所述，其中去甲腎上腺素是在腦幹中的橋腦中產生的，而這項事實也和我們的假說密切相關。以上就是早期發展過程中，與突觸連結變化相關的問題點。

　　我們奠基於和自閉症相關的諸多研究，統整出自閉症腦部的特異網絡（Inui, 2013 ，圖 III-9）圖中的灰色方塊是呈現細胞結構學上的異常部位，左上標有灰色三角形的方塊，是沒在結構

上發現異常但活躍程度低迷的部位。另外，線路圖之中的虛線，是呈現連結不同腦區的長聯合纖維減少的情形。若將這些線路的削弱程度想作藉由長聯合纖維而連結的突觸數目，則此處突觸連結的數目就會比標準的發展情形來得少。我們認為這個現象是基於另一項主因，那就是「在無法從其他部位接收到適當輸入訊號的情況下，那些連結便有所減少或消失」。舉例來說，我們能夠合理推測，由於杏仁核無法將適當的訊號傳送至各個腦區，導致連結數量過少。這種現象會遵循一般的學習原理，能透過公式化記述為 BCM 理論（BCM synaptic modification）（Cooper & Bear, 2012）。在標準發展的情形，就算一開始產生過多突觸，也會在關鍵期修剪不需要的突觸（圖 III-10）。而在自閉症的情形中，由於修剪速度遲緩，因此會在發展前期出現過多的連結。由於修剪的時機較晚，接下來又會因學習導致前述的連結過少現象產生（Inui et al., 2017）。

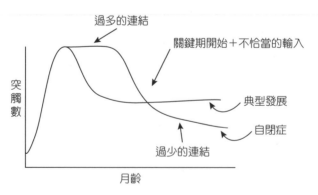

圖 III-10 出生月齡和預期突觸數目之間的關係

統整上述，我們認為 GABA 開關的功能異常所造成的修剪遲緩及一般突觸可塑性原理，會導致圖中顯示的發展變化產生。透過這個理論，便能說明多數自閉症的資料。

◯ point 25 催產素能讓 **GABA** 從胎兒期時的興奮性轉變為出生後的抑制性。

催產素與社會性

對不認識的人或全新環境抱持恐懼心的現象稱作新事物恐懼症，而一般認為催產素能夠藉由降低新事物恐懼症來改善社會性（Viviani et al., 2010）。在生理學上，催產素會讓杏仁核投射至腦幹的神經分泌更多 GABA，進而讓運動或行為得以受到抑制（參照圖 III-13）。有趣的是，研究釐清，只要在動物歷經恐怖反應的學習後投入催產素，牠們對於恐懼刺激產生的一項會使身體蜷縮的僵硬反應便會消失，但另一方面，心臟血管反應則是沒有產生改變（Viviani et al., 2011）。這項結果顯示，就算催產素能夠降低針對恐懼而產生的行為抑制，也無法抑制身體內部的反應。

我們知道只要從鼻腔投入催產素，就能促進人類的社會行為。如同先前所述，酬賞系統是從大腦皮質經由紋狀體、蒼白球、視丘，再抵達大腦皮質形成通路，這點已在第 I 章做過介紹（圖 I-21）。催產素會降低蒼白球的活躍程度，具有降低針對社

會性線索的神經反應的效果。雖然反應下降的機制尚未明瞭，不過我們已經知道催產素與多巴胺會在伏隔核及杏仁核中進行交互作用。催產素的效果，有可能是在降低社會性的逃避行為，而這項效果則是會以增加社會性行為的形式外顯。也就是說，這或許可以想成是透過降低對不認識的人感到的整體不安，進而促進社會性的趨近行為。

催產素還具有別種效果。研究者認為，本體感覺中的預測誤差是透過多巴胺；內在感覺中的預測誤差則是透過催產素而受到強烈抑制（Quattrocki & Friston, 2014）。抑制內在感覺的預測誤差，就能降低內在感覺訊號的精度，進而讓我們不再付諸注意。這大概是要透過抑制內在感覺的預測誤差，讓注意的方向從自己轉移至外部吧。從別的觀點來看，這也能被解釋為透過分散對內在感覺的注意，進而促進趨近行為（Quattrocki & Friston, 2014）。

上述機制意味著內在感覺會依賴催產素來抑制預測誤差，進而促進社會性行為等趨近行為。相反地，當內在感覺的減少機制產生障礙時，社會性行為就會下降，處於孤立狀態的傾向便會增強。實際上，將猴子帶離父母養育，便會使牠的催產素產生程度下降，出現更多偏好孤立狀態的刻板化行為（Winslow et al., 2003）。

⚙ point 26　透過催產素的抑制，便能進而促進趨近行為。

III-5. 生活在無法確知的日常

　　焦慮症的一項特徵，就是會因之後或許會發生壞事的不確定性而引發壓力。

不確定度、共變偏差、不耐性

　　薩里諾波洛斯等人透過調整呈現影像前的不確定性程度，調查腦部針對影像產生的活動會產生什麼樣的調變（Sarinopoulos et al., 2009）。情感的研究時常會使用國際標準化的 IAPS 影像資料庫，而本實驗也是使用從該資料庫取得的影像。在實驗中，當線索刺激呈現後，便會出現不會誘發情感的中性影像或誘發厭惡感的影像。該實驗針對可預測條件（能在這個時間點透過線索刺激確實預測下張照片的種類），以及不確實條件（無法在這個時間點得知下次會出現什麼種類刺激）進行比較。結果顯示，在不確實條件下，腦島與杏仁核會對厭惡刺激產生較大的反應。此外，經由線索刺激而引起的前扣帶迴反應愈大的人，其中腦島及杏仁核對於在線索之後呈現的厭惡影像所產生的活躍程度較小。一般來說，我們會在不確實的狀況下，針對某種線索與厭惡事件的共現機率做出評價，為將來做準備。但是，尤其在面對糟糕的事件時，有時我們會對這種共現機率或相關關係，產生高於實際值的錯覺。這稱作共變偏差。實際上，本實驗也有 75% 的參加者對

出現於不確實線索之後的厭惡圖像呈現次數，做出高於實際呈現次數的評價。結果顯示，這項共變偏差的大小，與前扣帶迴及腦島的活躍程度存在著相關關係。

另一方面，西蒙斯等人則是進行不確實性的不耐性研究（Simmons et al., 2008）。所謂的不確實性的不耐性，是用來描述「無法接受」或「無法忍耐」不確實事件的心情有多麼強烈的用語。該實驗會在同一時間呈現為時 3 秒的 32 張臉部照片，並要求實驗參加者回答憤怒的表情還是幸福的表情較多（情感試驗）、或女性還是男性較多（性別試驗）。他們透過變更兩種試驗的比率來操控不確實性，測量任務中的腦部活動，得知腦島的部分區域和情感有關的模糊程度具有高度相關關係。此外，他們針對所有參加者進行和不確實性的不耐性有關的問卷調查，釐清不確實性的不耐性的高低與左右腦中的腦島活躍程度具有相關關係。先前我們已經提到，焦慮症病患身上會出現腦島過度活躍的情形，而這個現象也顯示出焦慮症病患對於不確實性的處理有所異常。

🔼 point 27　不確實性、共變偏差、不耐性皆和腦島及前扣帶迴的活躍程度有所關連。

決策與預測

若想透過投資股票致富，就必須每日觀察股價並進行買進

或賣出的決策，為獲得最大的利益而進行最恰當的決策。換句話說，在股票投資之中，我們必須無時無刻地透過長期的酬賞預測及每日的酬賞預測誤差，歷經「學習最恰當戰略」的過程。事實上，這種決策不只會受到平均酬賞量影響，還會受伴隨決策而來的風險左右。此處我們將以賭博為例，說明風險究竟是什麼。通常賭博中每一次的對決，都有可能獲益或損失。另外，若是持續進行賭博，最終有可能會大賠，有時則會賺到一筆。此時決策中的收益平均值雖然重要，但得失的位移大小也很重要。當用時間序列觀察時，這項位移就會是各個時間點為止獲得（或損失）的金額偏差程度，而這在統計學中稱作變異數。至於獲得金額（包含負值的情形）的變異數則稱作風險。

根據普羅伊舍夫等人，部分區域的前島葉活躍程度，與風險預測及風險預測誤差的強度具相關關係（Preuschoff et al., 2008）。也就是說，在決策場面中，風險愈高時前島葉的活躍程度就會愈高。另外，根據哈里森等人研究顯示，伏隔核會表達與酬賞有關的預測誤差，前島葉則會表達與懲罰有關的預測誤差，而透過因傷寒的預防接種產生的炎症，便會讓前島葉對於懲罰的反應增強（Harrison et al., 2016）。這項發現更是呼應了憂鬱症會對帶來負面效果的客體，具有高度敏感度的現象。

此外，其他研究釐清，處於悲傷情緒時伏隔核對於酬賞的敏感度會降低。統整上述，前島葉會呈現風險的預測誤差，而這也被視為是引起厭惡或不安等情感的神經活動。另外，也有研究釐

清眼窩額葉皮質負責呈現風險預測誤差及更新對風險的評價。而這兩個腦區同時也是處理情感的部位。

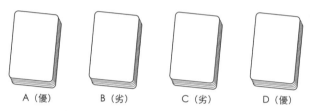

A（優）　　B（劣）　　C（劣）　　D（優）

圖 III-11 愛荷華賭局作業使用的四疊卡堆

　　研究決策特性時最常用的手法，便是愛荷華賭局作業。在愛荷華賭局作業之中，會如圖 III-11 所示，向實驗參加者呈現四疊卡片。參加者必須在每次的試驗中，從四疊中選擇其一，並翻開最上面的卡片，而卡片的背面會寫著像「+100 日圓」或「-50 日圓」等金額。當抽到正值的卡片就能獲得金錢，而抽到負值的卡片就必須支付金錢。讓我們假設在這四疊卡片中，有些是在連抽 100 次的長遠情況下會獲益的卡堆（換句話說，就是能夠獲得金錢的卡堆），有些則是會虧損的卡堆（換句話說，就是必須支付金錢的卡堆）。參加者在實驗剛開始時無法得知哪個卡堆孰優孰劣，他們必須在接下來透過抽去卡片，學習哪些卡堆能賺錢、哪些卡堆會賠錢。也就是說，本作業的目標就是從較佳的卡堆中抽取多張卡片，讓能獲得的金額最大化。至於為了分辨出卡堆的優劣，而從各個卡堆之中抽取卡片的階段稱作「探索期」。當大致對較佳的卡堆心裡有數時，參加者就會為了驗證該假說而以該卡堆為中心進行抽卡。這個階段稱作「利用期」。就像這樣，這種

並非一開始就提供正確答案讓參加者學習，而是透過行為序列來達成目標的戰略學習，稱作強化學習。研究釐清，這項學習是透過運用 I-4. 介紹的基底核通路而習得的。

決策與預測，以及軀體標記假說

第 I 章介紹的軀體標記假說（Damasio, 1994），是指包含內側眼窩額葉皮質的腹內側前額葉皮質（以下簡稱為 vmPFC）為中心的情緒網絡，會處理情緒性的身體反應，並對直覺式的決策帶來影響。這項假說是奠基於 vmPFC 受損患者儘管在一般的認知、運動功能中沒有異常，卻會在社會場面中的行為或決策發生障礙的事實。之所以會出現這類障礙，應該是 vmPFC 這個腦區會對比過去的各種經驗，並依照現在的狀況來引起適當的情緒反應吧。達馬西奧針對 vmPFC 受損患者進行下列實驗，進行這項功能的確認（Damasio, 1996）。實驗運用一項稱作皮膚電阻反應（以下簡稱為 SCR）的末梢自律神經反應，來測量身體反應的數值。這是在緊張時指尖會開始出汗，使皮膚的電阻下降，進而讓電流更容易通過的反應，而這項反應也是被應用於測謊機的手法。

在最初的實驗中，一旦呈現雜訊特別大的驚嚇刺激，無論是健康正常的對象或 vmPFC 受損患者都會呈現 SCR 的反應。在下個實驗中，他呈現不會誘發強烈情感的圖像（中立圖像）及重

大災害或事故等會誘發強烈情感的圖像。健康正常人雖然沒有對中立圖像呈現任何反應，但對情感誘發圖像呈現 SCR 反應。另一方面，vmPFC 損傷患者則是就連對情感誘發圖像也不會呈現 SCR 反應。這項結果顯示，vmPFC 具有依循過去的經驗或知識，針對刺激產生適當的情緒反應的功能。

事實上，我們還不甚了解連同內側眼窩額葉皮質在內的 vmPFC 的正確功能。里特等人透過下述實驗，探討 vmPFC 究竟是對刺激的顯著性產生反應，亦或是對價值產生反應（Litt et al., 2011）。vmPFC 包含了前扣帶迴膝下區、前腹內側前額葉皮質，以及內側眼窩額葉皮質（Kim et al., 2011）。內側眼窩額葉皮質是位於前扣帶迴膝下區（圖 III-4）及額極（圖 I-15）之間的部分（Milad et., 2005），而前腹內側前額葉主要是屬於額極。舉例來說，若是對刺激產生更強的欲求，就代表該項刺激具有價值，且顯著性也會增加。另一方面，厭惡刺激雖然不具價值，但顯著性也很高。上述研究者運用食品，設計出相當於這些條件的刺激，並測量呈現刺激物時的腦部活動。根據實驗結果，他們做出 vmPFC 與其說是對刺激的顯著性產生反應，倒不如是與價值相關聯的結論。

眼窩額葉皮質、前扣帶迴及伏隔核都和主觀價值呈高度相關關係。相較之下，我們也已經知道島葉的活躍程度與主觀價值呈現 U 形曲線的關係。這個現象指出，腦島會詮釋顯著性高的客體。巴特拉俯瞰多數腦部活動測量的研究，成功地將與主觀價值

有關聯的腦區群分為兩種類型的區域（Bartra, 2013）。其中一個群組是前島葉、背側紋狀體、背內側前額葉、視丘等處，它們會呈現無論主觀價值是正或負都有動靜的 U 型曲線反應。因此，我們能將它們視為詮釋顯著性的腦區。此外，一般認為腦島也有統合負面情感及決策的功用。另外一個群組則是上述的眼窩額葉皮質、前扣帶迴、伏隔核。

　　至於進行直覺決策機制的研究時最常使用的手法，便是先前說明的愛荷華賭博作業。比察勒等人運用愛荷華賭博作業，觀察到參加者會隨著作業的進行，逐漸抽選較佳的卡堆，而他們更進一步得知，在出現這種選擇行為改變的時刻，參加者會在從較差卡堆中抽取卡片的前一刻產生預期性的 SCR 升高現象（Bechara et al., 1997）。而且，這種反應產生的時期，是還沒意識到抽選的卡堆是較差卡堆的階段。

　　直覺式的決策存在著巨大的個人差異，我們也常在現實生活中，看到不同的人會對類似場面做出迥異的決策。雖然軀體標記假說提倡的概念是決策會受情緒性身體反應的影響，不過我們還不清楚人與人之間作出的決策差異，究竟是基於身體反應的不同，還是由其他主因所造成的。前川與乾（2017）運用愛荷華賭博作業，觀察到抽卡的前一個瞬間的 SCR 及心跳數產生預期的變化，並注意到個人差異與生理反應之間具有相關關係，釐清生理反應愈大的人在愛荷華賭博作業中的成績會愈好。

↑ point 28 在愛荷華賭博作業之中，就算無法意識到卡堆的優劣，但研究者仍能在抽取較差卡堆的前一刻觀察到末梢的自律神經反應。

III-6. 控制自己的情感

　　我們能透過正向情感讓思維更加柔軟，寬闊視野，減少奠基於先入觀念的行為（Fredrickson, 2001）。另外，我們能夠將自己的情感朝更加正向的方向進行調整。這項功能稱作情感調整。情感調整的其中一項方法是認知重估，特別受到矚目。所謂的認知重估，是透過改變對面臨問題的看法或對待方式，進而朝更好的方向來思考問題。透過這種認知重估，便能用正向的方式來看待壓抑的經驗。一般認為，在遭遇逆境時較具備重新站起能力（我們將其稱作韌性〔resilience〕）的人，便是經常進行認知重估的人。此外，認知重估也是預防焦慮症或 PTSD（創傷後壓力症候群）的有效方法。

認知重估的神經機制

　　我們已經得知，壓力會讓去甲腎上腺素自腦幹釋放至杏仁核、伏隔核、前額葉皮質等處，而焦慮症也會出現去甲腎上腺素興奮系統的慢性過剩反應（Feder et al., 2009）。研究測量為了抑制負面情感而進行認知重估時的腦部活動，觀察到背外側前額葉皮質活躍程度上升，以及杏仁核和伏隔核的活躍程度下降。他們透過縝密的探討，得知透過額葉對杏仁核及伏隔核的控制，便能夠進行情感的調控。那麼，我們究竟是如何進行認知重估的呢？

情感究竟是什麼

我們將在此處介紹奧克斯納等人的實驗（本處只會介紹降低負面
情感的條件，但實際實驗則是進行了更多種類的條件）（Ochsner
et al., 2004）。這項實驗也使用了前述的 IAPS 資料庫。他們指示
參加者嘗試去降低由呈現的圖像誘發的情感。而他們將降低情感
的方法事先分為兩個群組，分別進行練習。其中一組是自我聚焦
組，另一組則是狀況聚焦組。無論是哪個群組，都被要求去重新
對自我的情感、行為做出詮釋。他們指示自我聚焦組的參加者在
嘗試降低負面情感時，要認為自己和登場人物沒有任何關連，和
影像內容保持更遠的距離感，從第三者的視角來觀看。至於狀況
聚焦組的參加者，則是被指示應在嘗試降低負面情感時，針對呈
現出的影像狀況，進行該狀況會在之後好轉的想像。舉例來說，
當呈現臥病在床的影像時就要想像那個人只是感到疲憊，且他本
來就擁有強健體質，今後會迅速地康復。這些進行認知重估時的
腦部活動的測量結果顯示，負面情感的舒緩與杏仁核的活躍程度
低迷及右外側眼窩額葉皮質的活躍程度上升具相關關係。另外，
他們還觀察到自我聚焦組在右內側前額葉皮質中呈現活躍傾向，
狀況聚焦組則是在左外側前額葉皮質中呈現活躍傾向。

在此之後，其他研究團隊的研究發現，認知重估時眼窩額
葉皮質與背內側前額葉皮質會和杏仁核呈現負連結關係。也就是
說，當眼窩額葉皮質或背內側前額葉皮質的活躍程度上升時，杏
仁核的活躍程度便會下降。此外，我們還能透過這個連結的強
度，預測即將發生的情感低下程度有多少（Banks et al., 2007）。

在鼓起勇氣面對之時

　　舉例來說，當決定鼓起勇氣靠近迎面而來的蛇時，會發生什麼樣的事呢？尼里等人為了探討這個問題，使用真正的蛇進行腦部活動測量（Nili et al., 2010）（圖 III-12）。

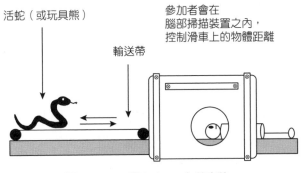

活蛇（或玩具熊）

參加者會在
腦部掃描裝置之內，
控制滑車上的物體距離

輸送帶

圖 III-12 Nili 等人（2010）的實驗

　　在本實驗中，他們要求對蛇感到害怕的參加者，逐漸移動至與位於他們頭部附近的蛇更靠近的地方。只要使用手邊的按鈕，參加者就能在每一步行為中選擇要靠近蛇或遠離蛇。此時參加者感受到的恐懼感強度，與 SCR 呈高度相關關係。然而有趣的是，當在處於非常害怕的情況下同時選擇朝蛇靠近時，則是至始至終都能觀察到前扣帶迴膝下區（參照圖 III-4）的活躍程度增加及 SCR 的低落。也就是說，當鼓起勇氣跨越恐懼接近蛇時，會在感到害怕的同時讓身體反應有所下降。

　　此外，杏仁核與腦島等誘發情緒的腦區的活化程度也會變低。相反地，根據報告指出，在後退的時候，前扣帶迴膝下區的活躍程度會減少、SCR 則是會上升。連同前扣帶迴膝下區在內的腹內側前額葉皮質（vmPFC）不僅會擔任情感調整的角色，還會因 PTSD 而呈現活躍程度的低迷。尼里等人的研究成果顯示，前扣帶迴膝下區具有降低恐懼造成的身體緊張或喚起程度的作用。一直以來，我們都認為前扣帶迴膝下區的功用是活化副交感神經，進而調整身體狀態，而尼里等人的研究結果與這個看法完全一致。

　　另外，相較於選擇按押前進按鈕，在選擇按押後退按鈕時，右腦的背側前扣帶迴及右腦的腦島活躍程度呈現上升的傾向。如同本書一直強調的，前者是屬於內臟運動皮質的其中一部份，而後者則是意識及主觀的情感中樞。對背側前扣帶迴進行電刺激便會讓人產生恐懼的情感，切除它則會降低不安感。上述實驗結果顯示，為了跨越恐懼而付出的極大內心努力，會導致杏仁核的活躍程度低迷，進而讓我們能面對恐懼刺激。

　　莫布斯等人運用被虛擬肉食動物追捕的情境來測量腦部活動（Mobbs et al., 2009）。

　　這個研究發現，在和動物之間的距離相對較遠的情況中，就會出現上述的腹內側前額葉皮質（vmPFC）的活躍；然而在認為危機已迫在眉睫時，活躍的腦區就會轉變為中腦導水管周圍灰質（Periaqueductal gray, PAG）。綜合上述結果，在實施面對恐懼

狀況的任務時，便能觀察到包含前扣帶迴膝下區的腹內側前額葉皮質（vmPFC）的活躍。

調整內隱情感的神經迴路

　　如同上一節的介紹，在進行面對恐懼的行為選擇時，杏仁核會產生活躍程度的低迷，而這便是和認知重估不同的潛在性情感調整功能。我們能從過去以來的研究觀察到，在進行認知重估的情況中，背外側前額葉皮質、腹外側前額葉皮質及頂葉皮質會呈現顯著的活躍。我們能將這些腦區視為與調整意識性的情感相關的區域。另一方面，先前所述的 vmPFC，則是能觀察到永不歇息的神經活動調整潛在性的情感。

　　一般認為，調整情感的神經迴路大致上是透過下列網絡而得以實現。舉例來說，在與恐懼相關的細胞活躍程度下降的情況之中，腹內側前額葉皮質的神經活動會傳達至杏仁核中具有多數抑制性神經元的抑制性中間神經元皮層，藉此讓負責生成恐懼行為的訊號傳輸受到抑制，難以自杏仁中央核抵達腦幹。另外，受到某種線索刺激而引起恐懼反應的恐懼制約，是透過杏仁外側核讓線索刺激（制約刺激）和非制約產生的恐懼反應形成連結。一般認為這項恐懼反應的訊號會傳送至背側前扣帶迴，接著再度通過杏仁基底核[5] 及杏仁中央核抵達腦幹（圖 III-13）。

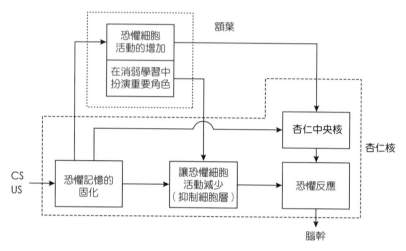

圖 III-13 情感調整的網絡

註：額葉對應到前扣帶迴與腹內側前額葉皮質。下方虛線框內的部分是杏仁核內的神經
　　核。CS 是制約刺激、US 是非制約刺激

第 III 章的統整

　　體內平衡的功用便是讓身體的內部狀態維持在一定範圍。當
大幅偏離體內平衡恆定值的變化發生時，就代表產生了極大（夏
農理論中的）意外的狀態。而我們能從自由能理論中得到的一項
重要啟示，就是生物身體會試圖讓這項意外時常保持在最小的狀
態而運作。因此它們會試圖讓巨大誤差（也就是意外）不要發

---

5. 譯註：在解剖學上，杏仁核是由基底外側核（basolateral nuclei, BLN）、皮層內側
　　核（corticomedial nuclei, CMN）、中央核（central amygdaloid nucleus, CeA）這三
　　大核群所組成。此處的杏仁基底核（BA）與前述的杏仁外側核（LA）距離接近，
　　且接受的感官訊號（此處應為恐懼制約的聽覺刺激訊號）輸入多有重複。

生，而事前變更體內平衡的恆定值。這項功能便是身體調適。若
要讓身體調適的運作成立，就需要由前扣帶迴這項內臟運動皮質
傳送適當的運動訊號至內臟。接著，來自內臟的反饋訊號「內在
訊號」必須被傳送至腦島，並受到確切的解讀。這項任務是透過
比較無時無刻都在改變的內在感覺預測訊號（又稱期待或信念）
及該項內在訊號本身，進而改寫預測誤差，讓預測誤差得以最小
化。然而，在情感障礙的情況中，由於內臟運動皮質所造成的過
度活躍或內在訊號的精度低落（變異數過大），會讓我們無法透
過預測訊號準確地理解自身身體的內部狀態，無法維持適當的體
內平衡及身體調適功能。

　　另外，適當的身體調適功能，也會對直覺性決策有所貢獻，
其參與能讓我們盡可能避免不恰當的選擇。在決策場面之中，伏
隔核應該是負責計算對於酬賞的預測誤差、前島葉則應該是負責
計算對於懲罰的預測誤差。此外，腦島還呈現出與風險預測及風
險預測誤差相對應的活躍反應。我們已經得知，腹內側前額葉皮
質（vmPFC）及伏隔核與主觀價值呈現強烈的相關關係，相對
的，腦島則是在主觀價值為正或為負的情況都會產生反應。眼窩
額葉皮質及腹內側前額葉皮質也在調整情感的功能中扮演重要的
核心角色，它們應是抑制杏仁核的活躍程度，進而抑制情感。我
們也能在「感到害怕的同時鼓起勇氣面對」的情況中，觀察到與
此類似的神經活動。在這個情況下，在前扣帶迴膝下區產生活躍
時，杏仁核及腦島的活躍程度則會下降。

第 IV 章

透過自由能原理來理解
情感、知覺與運動

IV-1. 腦是如何進行推論的？

由貝氏模型建構的腦中心靈

如同亥姆霍茲的主張，一般認為視知覺的功能，便是透過網膜影像來推論外界結構或狀態。這項推論需要先驗機率及條件機率（似然）的知識。我們將在這裡避開視知覺的生理學或心理物理學的詳細知識，盡可能淺顯易懂地說明與知覺流程相關的貝氏模型的腦中心靈。

由於我們已在第 II 章末段提過相同的內容，此處將再度進行整理相關知識，並用更精確的方式詳述。首先，讓我們假設眼前有個大小為 φ 的物體，且我們已得到該物體的網膜影像。此時，透過這個網膜影像，就會產生感覺神經的訊號（之後將稱為感官訊號）u，並傳達至腦部。為求簡化，此處我們會將視知覺想成是透過網膜影像推論物體大小 φ 的問題（最先這般明確對感覺與知覺做出區別的正是亥姆霍茲，請一併參照附錄。）也就是說，這裡所指的視知覺，便是透過感官訊號來推論它的形成原因（意即物體的大小）。用更泛化的說法，我們認為知覺就是「利用被賦予的資料來推論其形成原因」。

先驗知識是看到或體驗到大小為 φ 的物體的機率 p(φ)。我們設此處的先驗知識 p(φ) 的平均值為 V_p，變異數為 σ_p^2 的常態分配。另一方面，條件機率則是當獲得大小為 φ 的刺激時，產生感

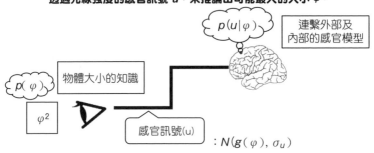

透過光線強度的感官訊號 _u_，來推論出可能最大的大小 φ。

圖 IV-1 腦中的貝氏模型心靈

官訊號 _u_ 的機率，也就是 p(_u_ |φ)（圖 IV-1）。感官訊號應必須加上σ_u這項雜訊再傳達至腦部。因此，如同 II-6. 所述，在看到大小為 φ 的物體時，感官訊號 _u_ 的機率分配會是平均值為 g(φ)、標準差為σ_u 的常態分配。

　　由此可見，先驗機率能記述為：

$$p(\varphi) = \frac{1}{\sqrt{2\pi\sigma_p^2}} \exp\left(-\frac{(\varphi - V_p)^2}{2\sigma_p^2}\right)$$

條件機率則能寫作：

$$p(u|\varphi) = \frac{1}{\sqrt{2\pi\sigma_u^2}} \exp\left(-\frac{(u - g(\varphi))^2}{2\sigma_u^2}\right)$$

（參照圖 II-14）。

　　若是缺少這兩項知識，腦部就無法進行推論。巴克斯等人（2011）釐清，先驗知識是伴隨經驗透過神經系統而習得的

（Barkes et al., 2011）。根據貝氏的想法，我們可以透過貝氏反轉公式，利用這兩項知識來計算後驗機率。但是這只是所謂的計算理論，若要理解神經網絡具體上是如何解開這個問題，則仍必須更進一步地思考。有關這點將在後續詳述。

好了，根據通則定律，

$$p(u|\varphi)p(\varphi) = p(\varphi|u)p(u)$$

一式會成立，因此我們能將上式整理為：

$$p(\varphi|u) = \frac{p(u|\varphi)p(\varphi)}{p(u)} \quad （貝氏反轉公式）$$

我們已經知道，本式的後驗機率會與條件機率及先驗機率的乘積比率相同。

就像這樣，只要得知先驗機率及條件機率，便能計算出後驗機率。但是，這裡計算出來的只不過是「當感官訊號 u 產生時，所見物體的大小為 φ 的機率」。也就是說，我們所能知道的，就只是各種不同大小的物體分別有多少機率位於眼前。那麼，要怎麼做才能將眼前物體的大小縮減至一個呢？如同 II-6. 所述，腦部作出的結論，就是能讓後驗機率最大化的 φ，才是眼前物體的大小（稱作最大後驗機率推論）。

那麼，腦部會如何進行這項最大後驗機率推論，來推論物體的大小呢？有兩個方法能達到這點。若是將目的想成是求出各式各樣的 φ 的後驗機率，等式右方的分母 p(u) 就會和 φ 無關。

由此可知，若要讓後驗機率 p(φ|u) 最大化，只要找出能讓分子的
p(u|φ)p(φ)（也就是先驗機率及條件機率的乘積）最大化的 φ 即
可。我們已在上一章說明過這個方法。但是，這個方法雖然可以
決定出能讓後驗機率最大化的 φ 值，卻無法求出機率分配本身。
因此，讓我們來整理問題，介紹另外一項方法吧。雖然我們會運
用貝式反轉公式來計算後驗機率，但問題的所在，其實是分數的
分母計算方法。這項方法已在物理學之中受到諸多研究，我們已
經知道，其實還有下述的這種有趣解法。這個方法就是不直接計
算後驗機率，而是假想存在著某項分配 q(φ)，並盡可能求出與實
際後驗分配 p(φ|u) 愈接近的 q(φ)。如同先前所述，這兩項分配的
距離定義如下：

$$\text{KL}\big(q(\varphi)||p(\varphi|u)\big) = \int q(\varphi) \cdot \log \frac{q(\varphi)}{p(\varphi|u)} d\varphi$$

KL 是 II-5. 所述的 KL 散度，由於這是兩項分配的距離（精
確地說並沒有滿足距離的定義，但概念上與距離十分類似），因
此只要求出能讓該值最小化的 q(φ) 即可。

◎ **further study 4**

p(φ|u) 是當被賦予資料 u 時，能宣稱 φ 已發生的機率。由於
此處的定義是「能宣稱 φ 已發生」，我們可以得知，這是一項推
論。舉例來說，假設 u 是窗戶玻璃碎開的這項事件，而 φ 是小偷
闖入的事件。另外，發生地震的事件、被棒球擊中的事件也在我

們的設想之中。此時的後驗機率，就是能宣稱小偷闖入的機率、能宣稱發生地震的機率、能宣稱被棒球擊中的機率。這便是推測機率。另外，φ 是致使 u 產生的（看不見的）原因，稱作隱藏原因（hidden cause）。

在最大後驗機率推論的情況中，由於貝氏反轉公式有著共通的分母，因此就算不知道分母，只要能找出讓分子最大化的事件，便能宣稱它就是原因。然而，若要計算後驗機率本身，就不能缺少分母的數值。許多研究前仆後繼，都是為了解開這項問題。

什麼是自由能原理？

我們將在此處說明自由能原理的概要。自由能原理是由弗里斯頓於 2005 年以及 2010 年建構的腦部資訊處理的統一理論（Friston, 2005; 2010）。在前者的研究中，他表示若要推論後驗機率 p($\varphi|\mu$)，只要求出近似於它的 q(φ) 即可。為此，我們只需要將 KL 散度最小化即可。亥姆霍茲的研究也在此處發揮作用。他認為，從一個系統（system）的內部能量中，扣掉變成熱能耗損的能量後，其他實際作功的能量便是能自由地轉換為動力的能源，故將其命名為「自由能」。

事實上，與亥姆霍茲的自由能相同的公式，便包含著 KL 散度，也就是兩機率分配之間的距離（的類似概念）。此外，只要

無視與 q(φ) 無關的項，就能將 KL 散度最小化。換句話說，我們已經得知，求得能最近似於後驗機率的 q(φ)，就等同於將亥姆霍茲的自由能最小化。這就是弗里斯頓的著眼點。

我們能將 q(φ) 和 p(φ|u) 的差距（類似距離的概念）代換為 KL 散度，並用前項的說明進行定義。而且，由於

p(φ|u) p(u)= p(φ,u) 成立，

因此只要運用 p(φ|u) = p(φ,u)/ p(u) 改寫上式，就能將 KL 散度寫作：

KL=（亥姆霍茲的自由能）+（與 q(φ) 無關的 p(u) 項）

（自由能的推導將記載於章末【參考 1】之中，但對公式推導沒興趣的讀者可以跳過）。由此可見，能夠將 KL 最小化（也就是近似於後驗機率）的 q(φ)，便能夠求出亥姆霍茲自由能的最小值。如同下述，具體說來，讓自由能最小化就相當於將預測誤差最小化，可想而知，這也就相當於將後驗機率最大化的貝氏推論。

什麼是預測誤差最小化？

那麼，為什麼讓自由能最小化就能夠讓預測誤差最小化呢？當 q(φ) 呈現特殊的分配時，我們也能將自由能寫作包含先驗機率與後驗機率的乘積的式子。

此處的先驗機率是：

$$p(\varphi) = \frac{1}{\sqrt{2\pi\sigma_p^2}} exp\left(-\frac{\left(\varphi - V_p\right)^2}{2\sigma_p^2}\right)$$

條件機率則是：

$$p(u|\varphi) = \frac{1}{\sqrt{2\pi\sigma_u^2}} exp\left(-\frac{\left(u - g(\varphi)\right)^2}{2\sigma_u^2}\right)$$

用極為直觀的說法來說，由於先驗機率和條件機率都是常態分配，先驗機率與條件機率的乘積也會呈現常態分配的形狀。如同 II-6. 所示，為了推論最大後驗機率而將乘積最大化，就相當於將右上的指數部分（也就是 $\frac{(x-\mu)^2}{2\sigma^2}$ 的和）最小化。

IV-2. 腦部的多層級結構與多層級推論

腦部的多層級結構，反映出外界資訊的多層級結構

　　自然界的各種特徵，都具有多層級的結構。舉例來說，表面的亮度或顏色，是由光源的顏色、面的方向及縱深所決定的，而面的方向及縱深是物體形狀的其中一個要素，同時也和複數物體配置方式脫不了關係。事實上，我們已經得知，大腦的視覺系統也是依照現實世界的順序，層級性地進行處理。舉例來說，大腦懂得先處理最低階的亮度與色彩，再處理面的方向及縱深，接著再處理高階的物體配置方式等等，會進行層級性的處理（參照乾，1993）。

　　此外，表面顏色不僅取決於面的性質，還和照明光線的顏色、其他面的配置造成的相互反射、還有面的彎曲方式（曲率）及縱深變化密切相關。這些屬性全部都會相互產生關係，因此負責各項處理的所有腦區都會相互交換資訊。也就是說，我們認為，在層級性地處理資訊的同時，讓高階處理與低階處理能夠維持一貫性的處理方式，正是腦部進行處理的形式。這種層級性的處理，是建立於貝氏多層級推論的架構之中，也能透過前述思維的衍伸來解釋。

⬆ point 29 透過由各式各樣的原因（顏色、照明光線、物體形狀等）而產生的網膜影像，進行其形成原因的推論，便是視覺的功能。

　　最近的計算理論，不僅使用貝氏多層級推論的架構來理解這些視覺資訊，更發展至能將各種腦部資訊處理模型化。所謂的貝氏多層級模型，便是將各層級應推論的先驗機率，設定為更上一個層級的推論屬性值的機率分配。換句話說，這就是將世界看作是由上層原因誘發下層原因而組成的模型。如此一來，就能將數段的多層級制約列入考量，進行推論（圖 IV-2）。

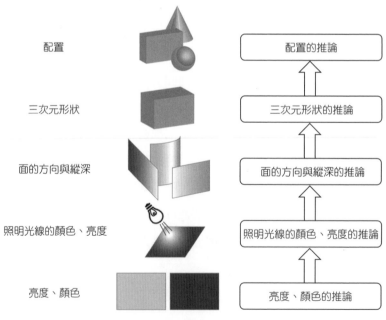

圖 IV-2 自然界特徵的層級性與腦內處理的層級性

⊕ point 30　腦部的層級構造反映出外界資訊的層級構造，能夠同時並進地解開多項屬性的問題。

腦部是以多層級的形式來進行推論

　　如同前述的弗里斯頓等人的洞見，由於我們已知

　　KL=（亥姆霍茲的自由能）+（與 q(φ) 無關的 p(u) 項）

，因此只要將亥姆霍茲的自由能最小化，便能求出能讓 KL 最小化的 q(φ)。接著，只要正確地展開數式，就能讓上式第 2 項變成 p(u) 的對數（也就是產生感官訊號 u 機率的對數），而和 u 相對應的對數，則是會變成夏農理論中的意外（參照 further study 1）。由於感官訊號 u 是行為（或注意）的函數，因此透過改變行為（或注意）便能得以最小化。而讓自由能最小化便相當於讓預測誤差最小化，也等同於在貝氏推論中讓後驗機率最大化。

　　此處我們將改變書寫方式，用 ε 來代表雜訊，並透過簡單的非線性函數來呈現前述的關係。我們將感官訊號設為 u，將大小的先驗機率的平均值設為V_p，並分別加上雜訊ε_u, ε_p，就能得到下式：

$$u = g(\varphi) + \varepsilon_u$$
$$\varphi = V_p + \varepsilon_{p'}$$

讓我們透過多層級貝氏推論的架構，來思考要如何解開上式

吧。讓我們將原因 φ_i 想作是藉由更上一層的原因 φ_{i+1} 而產生的階層 i。當 φ_i 和 φ_{i+1} 之間的關係成立時，我們就能用下列的多層級結構來記述 u 和 φ 的關係：

$$u = g_1\left(\varphi_2\right) + \varepsilon_1$$

$$\varphi_2 = g_2\left(\varphi_3\right) + \varepsilon_2$$

$$\varphi_3 = \cdots,$$

我們能將此當作在腦內重現的外界因果關係的層級結構。這種外界生成事件的原因推論，能夠透過前述的預測誤差最小化而實現。圖 IV-3(a) 便是本概念的概略圖。圖 IV-3(b) 則是更具體的腦內計算流程。在弗里斯頓（Friston, 2010）的自由能最小化網絡結構之中，預測「輸入至階層 i-1 的訊號」的預測訊號會自階層 i 傳送下來，並在階層 i-1 計算預測誤差。接著，這項誤差會再次傳至階層 i，讓預測得以更精確。也就是說，腦內的每一處都在傳送著預測訊號與預測誤差（請參照章末的【參考 2】來瞭解關於運用預測誤差進行的預測訊號更新式）。

圖 IV-3 所呈現的，正是這種資訊的流動。也就是說，這項機制就是在各個階層中產生預測訊號及預測誤差的訊號，藉此讓各階層之間則得以藉此維持其一貫性。只要理解這種架構，我們就會發現知覺與認知之間並不存在著界線，從低階的知覺到高階的認知，都是相互關連、首尾一貫地進行詮釋或推論。事實上，

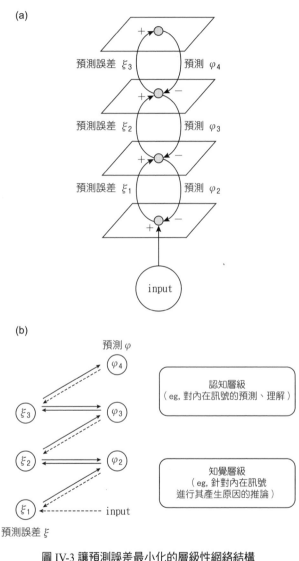

圖 IV-3 讓預測誤差最小化的層級性網絡結構

(a) 層級性地讓自由能最小化的網絡概念圖

(b) 預測單元與預測誤差單元的相互作用

註：各層級都分別存在著預測單元和預測誤差單元

腦內便是採取無法對知覺與運動作出區別的機制。我們將在下一節之中詳述這一點。

⬆ point 31 　知覺與認知之間並沒有界線。一切的處理都是密不可分的相互作用。

IV-3. 主動推論──無法區別知覺與運動 的機制

換個角度重新看待知覺與運動

　　不用多做強調，我們也能知道知覺便是感官訊號的基礎。感覺神經會傳達外在訊號、本體訊號及內在訊號。視知覺則是根據自視網膜傳來的外在訊號（視覺訊號），針對該項訊號的生成原因──也就是針對外界的結構及狀態──進行推論而得到的結果。這是建立於亥姆霍茲「知覺是透過無意識推論而得以實現」的想法（參照本書附錄）。亥姆霍茲提出這項主張是在 1860 年左右的事，其後人們花了長達 150 年的時間，探討該如何進行這項推論。連同我們的研究在內，在 1990 年代時的研究便已釐清相當具體的處理過程。在視知覺的情形中，首先必須要生成的，就是猜測外界的結構或狀態是否如此的這項期待或預測訊號。接著，這項訊號就會和感官訊號進行比較並受到修正，進而得到正確的預測訊號。這就是所謂的視知覺。也就是說，視知覺並不是當視網膜傳來訊號時就會自動產生的。我們所看到的世界，都是我們的腦部做出的預測或期待。拉馬錢德蘭曾在《腦中魅影》（*"Phantoms in the brain"*）之中介紹下述特殊患者（Ramachandran, 2003）。

　　「在罹患稱作安東－巴賓斯基症候群（Anton-Babinski

syndrome）的奇怪疾病情形中，因皮質損傷而失明的患者，會否認自己眼睛看不見的事實。他們恐怕是處於只能接受到後設表象，無法接受到初級表象的狀態吧。」

　　像這種病覺缺失症的產生原因，或許也和來自於中樞的預測或期待訊號打造出我們的意識一事有關。

　　從自由能原理的觀點來看，知覺就是「為了讓感官訊號的預測誤差最小化而修正預測訊號（信念），藉此進行感官訊號產生原因的推論」。此時的重點，就是我們能夠為了得到最小的預測誤差而改變預測訊號。

　　自由能原理也能用與過往完全不同的觀點來詮釋運動。那就是將運動也想作是透過感官訊號的預測而得以實現。而運動的目標，則是能被解讀為該項運動最終狀態下的肌肉骨骼系統狀態。更具體來說，就是該狀態下時的肌肉感受器（稱作本體感受器）發出的本體感受訊號。就讓我們以抓取杯子為例，淺顯易懂地說明吧。此時運動的目標，便是抓住杯子狀態下的本體感受訊號。接著，我們就會為了達成目標而移動手。能夠佐證這個想法的生理學洞見指出，在針對運動區的神經元進行電刺激時所產生的運動，並不會因受到刺激前手的擺放位置的影響，皆會採取相同的姿勢（Graziano, 2006）。這意味著腦部在運動時輸出的訊號，並非是對應手的初始位置與最終目標位置的差距。運動區發出的訊號並非是運動指令訊號，而是本體感覺預測。換句話說，本處的重點就是從運動區發出的訊號，即為感官的預測訊號。

　　當運動區發出感官的預測訊號時，目前的本體感覺訊號與本體感覺預測訊號這項目標之間就會產生差距，這也就是所謂的預測誤差。而運動則是會持續到這項預測誤差消失為止。更具體來說，透過後面即將敘述的反射弧這項「肌肉的本體感受器→脊髓運動神經元→肌肉」流程的訊號傳遞，就能夠達成目標。也就是說，在自主運動之中，反射弧也是扮演著關鍵的角色（關於反射弧，請一併參照 further study 5）。

　　由此可見，在自由能原理之中，運動就是「將狀態的本體感覺這項目標設為預測訊號，並驅動反射弧以達成目的」。

　　在知覺的情況中，預測訊號會透過預測誤差而更新，然而在運動的情況中若是讓兩者相同，反而會導致本體感受預測這項刻意訂下的目標本身產生變化，讓運動的目標也有所改變。因為這個緣故，在運動控制之中，讓已訂下的目標（本體感覺）不在途中改變，就是達成該項運動的必要條件。為此，在運動控制之中，我們必須抑制預測誤差的更新，避免它被傳至中樞。換個角度來看，我們也能將此解讀為：由於本體感受預測的訊號精度極高，因此即便無視預測誤差也無所謂。根據自由能原理的觀點，一般來說，運動系統都能夠進行這類型的預測誤差抑制（本概念也能適用於內臟運動，有關這點將在後面進行敘述）。

⊕ point 32　自運動區傳達至肌肉的並不是運動指令訊號，
　　　　　　而是目標姿勢的本體感覺。

知覺與運動

講到這裡，我們已經為知覺與運動做出明確定義。

所謂的知覺，就是在推論「為了讓預測誤差最小化，而在修正預測誤差時的產生的感官訊號」的產生原因。

另一方面，運動則是為了讓預測誤差最小化而移動肌肉。此時預測誤差會被抑制。

接下來，只要運用下式等號右方的兩種方法之一：

（自由能的最小化）

＝（為了讓預測誤差最小化而改寫信念，讓預測最優化）

　＋（為了讓預測誤差最小化而採取的行動）

便能夠讓亥姆霍茲的自由能最小化。這意味著自由能（能夠自由使用的能量）便會是：

（自由能）＝（內部能量）－（熵）

只要對等式進行移項處理，就能解出上述的兩個項（參照章末）。

好了，我們將在此處以手腳的運動機制為例，進行具體說明（圖 IV-4）。在自由能原理之中，自運動區輸出的訊號並不是運

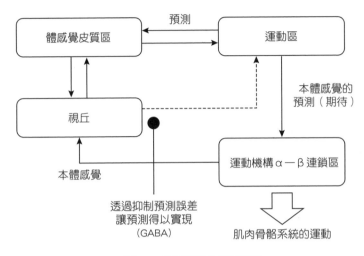

圖 IV-4 手腳運動的控制機制

動指令。運動神經元的輸出訊號,是在預測得到目標狀態時的本體感覺。換句話說,它就是我們所期待的本體感覺。因此,無論是在知覺或運動的情形之中,所有的預測都是感官訊號。但是如同前述,若要在運動的情形之中實現本體感覺的預測,就必須抑制預測誤差,才不會讓預測訊號因預測誤差而改變。一般認為,這項作用是透過 GABA 這項抑制性傳導物質來實踐的。自運動區輸出的預測訊號會經由脊髓,進而讓末稍的運動伺服機構運作,藉此讓手腳的肌肉骨骼系統,正確地做出能讓本體感覺的預測誤差最小化的運動。另外,因這項運動而產生的本體感覺將會傳送至體感覺皮質區。在此同時,和傳送至運動伺服相同的預測訊號便會自運動區傳送至體感覺皮質區。一般認為,相對於運動

區是輸出目標身體狀態，體感覺皮質區輸出的則是那段時間的身體狀態。

⬆ point 33 腦內不會對知覺及運動做出區別。

◎ **further study 5**
運動伺服機構

　　肌肉的收縮，是由脊髓中的 α 運動神經元及 γ 運動神經元負責駕馭的。α 運動神經元會因應輸入，將訊號傳送至肌肉使其收縮。肌肉有著稱作肌梭的本體接受器，當肌肉延展時便會對此進行感知並產生反應。透過 γ 運動神經元的活動，便能讓肌梭在肌肉收縮時也同時收縮，以防止肌梭跟著鬆弛，藉此讓敏感度維持在一定水準。當肌肉伸張時肌梭就會發揮功用，將該資訊反饋至 α 運動神經元，藉此讓肌肉收縮，將其長度控制在一定的狀態。透過這項機制，肌肉在受到伸展時就會開始收縮。這被稱作伸展反射。伸展反射對肌肉的控制相當重要。根據自由能原理，本體感覺的預測訊號會輸入至 α 運動神經元，並透過運動伺服機構的運作，將肌肉調整至期望的長度。在自由能原理之中，α 運動神經元會傳達本體感覺的預測誤差，而預測誤差的精度則是由 γ 運動神經元決定的。

　　統整上述，視覺區會預測來自視網膜的外在感官（視覺）訊號，運動區則是會預測來自肌肉的本體感覺。兩者預測的都是感

官訊號，因此中樞並不會對感覺及運動做出區分。所謂的運動，便是透過驅動末梢之中稱作反射弧的運動伺服機構實施預測，讓預測誤差最小化。在自由能原理的體系之中，知覺與運動會交互循環，難以區分兩者。舉例來說，運動的目標主要是實現本體感覺，但在產生運動時肌肉的本體感覺又會被傳送至體感覺皮質區，可見運動與知覺總是循環性地產生。而這樣的關係稱作循環性或循環性因果關係。

　　至於更高階的神經元，可能不只預測一項感覺，而是進行複數感覺的預測。鏡像神經元便算是這類神經元中的一例。我們會將視覺、聽覺等各式各樣感官的種類稱作感官種類（sensory modalities），而鏡像神經元不只預測視覺或聽覺，還會進行運動的預測，因此可說是超越感官的非模態預測器。在自身從事運動時，鏡像神經元會扮演運動神經元的角色，輸出對本體感覺的預測訊號。另一方面，在認知他人的動作時，它能夠輸出對外在感覺──尤其是視覺的預測訊號──的預測。另外，一般認為，視聽覺鏡像神經元則是也能發出聽覺的預測訊號。但是，這並不是依照模式的不同而進行輸出的切換，就算鏡像神經元在觀察時間點有所活躍，由於這並非是要實行該項運動，因此本體感受訊號的精度會非常低，導致預測誤差的精度變差而遭到無視。在運動的時間點之中，這項本體感覺預測就會具有較高的精度，並會執行該項運動。

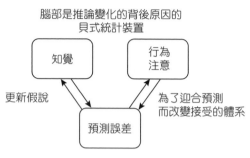

圖 IV-5 知覺、行為、注意的功用

什麼是主動推論？

　　如同前述，有兩項方法能讓自由能最小化（圖 IV-5）。其中一項方法，是用透過知覺看到的東西來改寫預測，試圖讓預測誤差最小化。另外一項方法，則是將感官資料當成樣本，試圖讓預測與知覺一致。也就是說，就算知覺沒有變化，我們也能透過改變行為讓自由能最小化。這與夏農理論中的意外最小化相對應，簡單地說，就是只要看見預期的東西，或是將注意朝向預期刺激的方向便能達成。因應感官訊號的產生機率將注意朝向某方，同時也能（如同 II-6. 之中所述地）提升感官訊號精度。另外，雖然知覺與運動兩者都具有讓預測誤差最小化的共通點，但它們所採取的方式卻有所差異，前者稱作（亥姆霍茲的）無意識推論，後者則稱作（弗里斯頓的）主動推論。

↑ point 34 在主動推論之中，我們會透過將注意朝向預期事物、接近預期事物，進而讓自由能減少。

　　在主動推論之中，我們會依循訊號的精度（變異數的倒數），決定究竟是要達成預測訊號的目標，還是要改寫預測（信念）本身。高精度的期待不會受到預測誤差的修正，而是扮演行動的目標這項角色並發揮其作用。另外，我們究竟會將注意朝向哪個感官訊號，則是取決於感官訊號的精度。究竟應注意並預測哪項事件（注意與計劃）、應判斷哪項預測具有價值並加以實踐（達成目標），便是透過精度（相對的高低）而決定出來的。

運動控制與身體調適

　　從自由能原理的觀點來看，體內平衡及身體調適的控制，皆能被理解為運用不同的時間尺度進行的身體狀態主動推論。透過做出關於運動神經、自律神經與內分泌的行為選擇，便能分別達成各項現在及將來的身體狀態信念。也就是說，這能夠降低現在及將來的內臟感覺的平均意外（熵）。

　　我們能將自由能最小化簡略地解釋為預測誤差的最小化。在一般的環境條件下，知覺（為了讓預測誤差最小化而改變信念）與行動（為了滿足期待或預測而展開行動的主動推論）會同時進行。內部狀態則是會透過自律神經反射，讓內在預測得以實現而得到控制。舉例來說，當血糖值下降導致空腹感產生時，就會因內在狀態開始偏離最恰當的體內平衡狀態，導致內在感覺的預測誤差產生，進而讓進食行為的動因開始運作。此時外在感覺或本

體感覺的預測誤差，便會告知身體目前沒有進食的這項事實，而
透過這個預測誤差的最小化，便能讓進食行為得以實現。與前述
的運動控制相同的是，我們需要抑制內在預測誤差，才能夠進行
體內平衡或身體調適的調控。為了形成內在訊號的動因，內在感
覺系統便會對體內平衡的狀態做出變更。在這個情況下，預測就
相當於關於自身情感及身體狀態的目標。而輸出這項訊號的是與
腦島有所連結的前扣帶迴，一般認為，來自於這個區域的紡錘體
神經元訊號，會快速地傳送至下視丘及腦幹（圖 IV-6）。

　　藉此，腦部便能對自律神經反射的恆定值做出變更。如同
我們在解釋手腳運動時做出的說明，來自於內臟運動皮質之一的

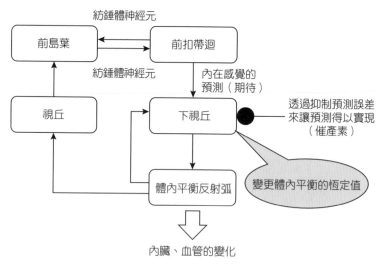

圖 IV-6 內臟及血管的控制機制

前扣帶迴的輸入便是目標感覺（內在感覺），換句話說，這就是對於內在感覺的預測或期待訊號。如同前述，這項預測訊號會透過紡錘體神經元快速地傳達至下視丘，不過為了準確地達成這項預測狀態，就必須像進行運動控制時一般地抑制預測誤差。需要抑制內在訊號預測誤差的理由，是因為我們會依照內在預測訊號（期待）的狀態，進而針對身體狀態進行改變。用不同觀點來看，我們也能把這種現象視為是將注意從內在感覺訊號之中移開。這種預測誤差的抑制，是透過催產素這項傳導物質而得以實現。正確地說，催產素會活化 GABA 的抑制作用（Quattrocki & Friston, 2014）。

另外，透過自前扣帶迴傳送出的預測訊號，便能變更體內平衡的恆定值，驅動體內平衡的反射弧，使內臟與血管產生變化。內在訊號會經由視丘傳送至前島葉。前島葉與前扣帶迴之間，也能透過紡錘體神經元快速地傳遞訊號。

IV-4. 內在感覺與各種功能

認知、決策與內在感覺

　　內在性的主動推論，會藉由對決策的間接影響而進一步影響直覺決策，有助於體內平衡的維持。舉例來說，內在感覺敏感度愈高的人，其內在感覺對直覺決策的影響就會愈大（Dunn et al., 2010）。如同先前所述，我們已經知道內在感覺也能夠改變認知。舉例來說，心臟在收縮並送出血液的時候稱作心臟收縮期，此時偵測血壓變化的壓力感受器，便會將訊號傳送至血管運動中樞（位於腦幹）。只要以和收縮期同步的頻率呈現臉部刺激，對於恐懼表情的臉部圖像檢出率便會增高，且表情的強度也會上升（Garfinkel et al.,2014）。

　　另外，根據莫塞萊等人（Moseley et al.,2008）的實驗資料顯示，體內平衡的控制是主動推論（基於身心症的推論）中不可或缺的觀念（圖 IV-7）。他們透過利用橡膠手錯覺的實驗，顯示

本觀點支持體內平衡是（身心症狀態中的）主動推論不可或缺的一環

圖 IV-7 自我所有感與體內平衡

當產生把橡膠手當作是自己的手的錯覺時，真正的手的皮膚溫度
會下降。所謂的橡膠手錯覺，就是覺得放在桌上的橡膠手，彷彿
就是自己的手的錯覺。通常實驗會在桌上放置橡膠手，並讓人無
法看見自己的手。在這類型的實驗之中，研究者會在用棒子輕敲
橡膠手的同時，同時也對本人的手施加相同的同步刺激。持續一
段時間後，實驗參加者就會感覺眼見的橡膠手，彷彿就是自己的
手。這個現象釐清，透過對身體施加同步的視覺及觸覺刺激，便
能產生身體的自我所有感。

　　研究報告指出，內在感覺敏感度愈高的人，愈難引發橡膠手
錯覺（Tsakiris et al.,2011），而這個事實也指出內在感覺愈高的
人，愈難受到外在感覺（本情況中是視覺及觸覺）線索的同化。

　　現在還有其他透過拓展這項橡膠手錯覺實驗，讓相同的錯覺
發生在全身身上的實驗。這種實驗會用攝影機自背後拍攝實驗參
加者，並透過頭戴顯示裝置向參加者呈現影像。如此一來，參加
者就能夠在顯示裝置中看到自己的背後影像。此時只要像橡膠手
錯覺一樣，用某種方法同步敲打肩膀或背後，並提供類似的視覺
及觸覺線索，就能產生彷彿自己存在於頭戴顯示裝置之中看見的
自身所在位置的感覺。這就正如同靈魂出鞘的體驗，可說是透過
人工創造出來的自我存在感。另外，讓自我的影像與心跳或呼吸
同步地閃爍，便能增強這項錯覺。這顯示內在感覺會透過多個種
類的感覺，對自我存在感帶來影響。

催眠、冥想與內在感覺

當我們在從事某項行為時，會具有那件事就是自己所做的感覺（自我主體感）。這乍看之下好像是理所當然，但在有些情況中，也會有人儘管從事某項行為卻缺乏自我主體感。本處將介紹兩種情況。其中一種是思覺失調症，另一種則是健康正常人受到催眠而引起的狀態。

在思覺失調症之中，有一項稱作「被控制妄想」的首級症狀。這是一種明明是自己在說話，卻認為是被誰指使而說的；明明是自己從事的行為，卻認為是被討厭的父親強迫而做的被害妄想。被控制妄想會產生這種喪失自我主體感的現象，而弗里斯等人已釐清其背後機制（Frith et al., 2000）。舉例來說，在我們打算移動手時，運動區的神經元會將訊號傳送至手的肌肉。而我們也會藉由觀看得知手在移動，並將這項視覺資訊反饋至腦部。

另一方面，腦部在傳出運動控制訊號時，會同時傳出預測手會如何移動的訊號，針對該項預測及反饋訊號進行比較。這正好和自由能原理的思維完全一致。也就是說，運動神經元會在為了運動而傳出本體感覺預測訊號的同時，也傳出視覺資訊的預測訊號。此時的本體感覺預測誤差會因主動推論而受到抑制。

另一方面，只要預測機制正確無誤地運作，視覺資訊的預測就會和視覺的反饋訊號一致，因此在正常狀況下，這項預測誤差也會受到抑制。弗里斯等人（2000）發現，思覺失調症患者在處

於被控制妄想的情況時，會無法抑制這項視覺預測誤差。也就是說，在處於被控制妄想時，預測的功能便無法順利運作，儘管做出移動的是自己，卻會由於預測誤差過大而做出是受到他人移動的詮釋。舉例來說，讓我們假設自己的手是被某人抓住並舉起。此時自己的腦部不會發出運動指令，只有感覺反饋會產生，因此預測誤差會變大。也因此，當預測誤差較大時，認為自己是被他人強迫而從事某件事是有合理根據的。

那麼，透過催眠而舉起手的情況又是如何呢？舉例來說，假設我們在受到催眠時，順著聽到的「右手要舉起來了」而把手舉起。此時將手舉起的雖然是自己，但自己卻沒有產生舉起手的意識。這也能稱作自我主體感的喪失。某項研究調查了處於被催眠狀態的健康正常人，究竟會呈現什麼樣的腦部活動（Blakemore et al., 2003）。有趣的是，他們得知健康正常人的腦部當然發出了運動指令，但由於視覺反饋的訊號受到阻礙，因此預測誤差也變得更大。因此他們產生了與被控制妄想相同的結果，也失去自我主體感。

那麼，為什麼催眠會導致預測訊號被阻礙呢？根據某項研究，在受到催眠暗示的期間，右腦的背外側前額葉皮質的活躍程度，會與藉由暗示誘發的主觀疼痛強度及次級體感覺皮質區的活躍程度呈現相關關係（Raij et al., 2009）。也就是說，右腦的背外側前額葉皮質，似乎是透過暗示來調節特定任務的目標腦區（在本實驗中是體感覺皮質區）。此外，克勞福德等人

（Crawford et al., 1993）表示，在處於透過催眠帶來的無痛狀態時，會讓左右腦的前額葉受到活化。這大概是和前額葉的抑制功能有關係吧。萊維爾（Rainville, 1999）在實驗參加者將手放入熱水時，針對伴隨手的疼痛而來的情感進行增強或減弱的催眠暗示，並評定該時間點產生的疼痛強度及疼痛帶來的不快感。結果顯示，疼痛的不快感評定值與知覺到的疼痛強度相互獨立。

此外，伴隨疼痛而來的心跳數增加，與對疼痛的不快感評價雖然有顯著相關，但卻沒有和疼痛強度呈現相關。這項事實顯示，伴隨疼痛而來的情感與自律神經活動之間具有強烈的相關關係。此外，伴隨疼痛而來的情感與前扣帶迴的活動變化相對應。此外，左腦的背外側前額葉皮質、左右腦的後頂葉皮質及楔前葉會呈現與暗示相關的活躍程度上升。也就是說，在受到催眠誘導時，稱作中央執行網絡的這項網絡就會運作，而我們也認為這可

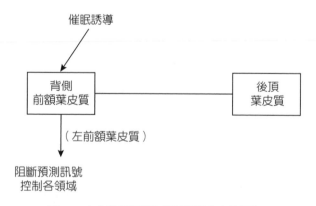

圖 IV-8 中央執行網絡在催眠誘導之中的運作
出處：乾（2017）

能是在駕馭與任務直接相關的腦區活動（圖 IV-8）。我們已經得
知，當中央執行網絡的活躍程度愈強，催眠的效果也會愈強。從
主動推論的觀點來看，這個現象指出催眠誘導能夠調節預測訊號
或感官訊號的精度。

　　話說回來，當發生什麼辛酸的事時，有時我們會反覆地回
想起那件事情，或是一直只顧著思考那件事。這是無法將注意
轉向外界，一直將注意付諸於自己內心的狀態，是稱作思緒漫遊
（mind-wandering）的現象。研究者透過調查這種思緒漫遊狀態
時的腦部活動，並進一步釐清我們可以透過冥想來「切斷」思緒
漫遊時的神經網絡。舉例來說，有一種集中冥想是將注意集中至
自己的呼吸，是一種進行將注意集中至此時此地的自己的訓練。
研究觀察到冥想的初學者在進行這種集中冥想時，會在構成前述
的中央執行網絡中的左腦背外側前額葉皮質及後頂葉皮質產生神
經活躍。另一方面，具經驗者則是除了上述腦區之外，連次級體
感覺皮質區及腦島這項情感中樞也會活躍。能夠持續集中於此時
此地的自己身上，應該是和切斷思緒漫遊網絡有所關連吧。

◎ further study 6

　　為因應任務要求，而做出注意的切換、監控（更新）、抑制
反應等認知控制的功能，稱作執行功能。這項執行功能主要是由
背外側前額葉皮質與後頂葉皮質所組成的中央執行網絡（CEN）
建構而成的。CEN 具有能夠駕馭其他部位所進行的資訊處理的

功能，而這項功能主要是有意識地運作。催眠主要是在施加言語暗示，而這些內容會被無意識地執行。在沒有從事任務時活化的網絡稱作預設模式網絡 (DMN)。DMN 具有各式各樣的功能，在思考或回想起自己或他人的事時也會活躍。另一方面，本書多次提及的前扣帶迴及前島葉，則是和杏仁核等網絡所組成，稱作突顯網絡（SN）。當 SN 偵測到顯著的訊號時，便會停止 DMN 的神經活動，並活化 CEN。CEN、DMN、SN 又稱作三大網絡。

知覺、認知與運動統合

我們已經提及，一時性自我是由自我主體感、自我所有感及自我存在感建構而成的。如同上一節所述，自我主體感是認為自己的行為（運動）是由自身從事的感覺。一般認為，自我主體感是當外在（視覺）預測訊號與反饋回來的外在（視覺）訊號之間的預測誤差很小的時候產生的。根據有關上臂運動控制的研究，這些預測誤差的計算是在後頂葉皮質之中進行的（Ogawa & Inui, 2007；Ogawa et al., 2006）。另外，與上述區域略有差異的後頂葉皮質部位，具有識別運動究竟是屬於自己還是他人的重要功用（笹岡・乾, 2011）。事實上，在罹患精神疾病的情況之中，自我主體感及自我所有感常會同時發生障礙。

此外，根據虛擬實境的研究報告顯示，藉由打造出能讓人具有自我主體感的環境，便能同時讓人獲得較高的自我存在感。

研究者認為，這些結果顯示出運動系統與內在系統之間的交互作用。而與這些交互作用相關連的腦區，便是情感中樞的前島葉。奠基於這些研究背景，賽斯等人提出了建構自我主體感的網絡與建構自我存在感的網絡之間的交互作用模型（Seth et al., 2012）（圖 IV-9）。

　　請留意在該圖之中，內在感覺的預測是透過外在訊號及內在訊號而實現的。在這個模型之中，自我主體感的模組（module）會在產生感覺運動預測（Apred）的同時，也產生內在感覺的預測（Apred(p)）。也就是說，這個模型假定自我主體感的模組位階，高於自我存在感的模組。這樣的觀點為自我主體感與自我存在感障礙的同步現象、以及有所知覺的自我主體感會對自我存在

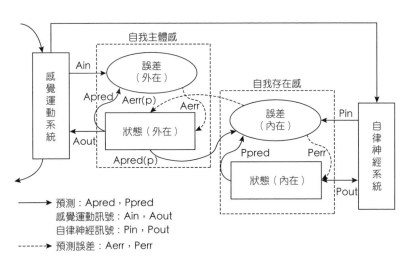

圖 IV-9 自我主體感與自我存在感的關係

出處：Seth et al. (2012)

感帶來影響等至今以來已多次出現的現象提供新的洞見。

我們將在此處，介紹另一個關於內在感覺與運動之間關係的研究。赫伯特與波拉托斯調查了厭食症（神經性厭食症）患者的內在感覺，得知厭食症患者不單是空腹感或飽足感等特定的內臟知覺，就連前面多次介紹的心跳知覺敏感度也呈現低迷的狀態（Herbert & Pollatos, 2012）。

另外，也有報告顯示多數厭食症患者具有身體意象（Body image）的障礙。有鑑於此，基澤等人（Keizer et al.,2013）針對厭食症患者，進行下列行為實驗。他們準備了各種寬度的入口，要求參加者穿過。健康正常人會開始無意識地轉動身體來穿越的時間點，是在入口變得比肩寬的 1.25 倍還要狹窄的時候。但是厭食症的患者，就算在入口比肩寬的 1.4 倍還要更寬廣時也會轉動身體通過。這項結果顯示，在厭食症之中，不單是身體表徵層面會出現異常，就連無意識的行動也會受到影響。

環境與情感

到目前為止，我們已充分說明情感究竟是什麼，以及情感究竟是透過什麼樣的機制而產生的。然而，喜悅或悲傷等情感都是透過自己身處的環境而產生的。因此，就讓我們透過自由能原理的觀點，來思考關於環境與情感的關係吧。我們在此處不會考慮上一節為止都在討論的腦內機制，而是用自由能原理的思維來掌

握環境（或是針對環境刺激進行的原因推論）的不確定度。

　　在這個觀點之中，自由能較高便意味著不確定度也較高。藉由改寫信念，讓注意朝向期待的刺激，便能讓這項自由能最小化。從主動推論的觀點來看，行動會試圖讓意外最小化。因此，此處個體應會對意外較低的狀態呈現出接近的傾向，對意外較高的狀態則是呈現出迴避的傾向（主動推論）。在這個架構之中，情感會取決於自由能的經時變化（Joffily & Coricelli, 2013）。也就是說，研究者認為在自由能隨時間減少的情況下就會產生正向情感，若是不減反增的話就會產生負向情感。

　　若是我們進一步考慮自由能的減少方式，則在時刻 t 之中，

表 IV-1 情感與自由能的動力關係表

時刻 t 當下的情感	F'(t)	F''(t)
幸福	< 0	> 0
不幸	> 0	< 0
希望	< 0	< 0
恐懼	> 0	> 0
驚訝	0	0
安心	- 0[a]	< 0
失望	+ 0[b]	> 0
	a：接近 0 的負值 b：接近 0 的正值	

當自由能 F(t) 的時間導數 F'(t) 為負值，且二階導數 F"(t) 為正值的時候（也就是自由能的減少會隨時間經過而趨於平緩的情況之中），就能夠獲得幸福感。透過 F'(t) 和 F"(t) 的組合配對，便能如同表 IV-1 說明七種情感的產生。但是，反過來說，我們也得承認光是靠這種組合配對，能夠說明的情感種類也就僅止於此。或許能夠說明更多情感種類的理論，還需要一些時日才有辦法建構問世。此外，關於這種推論的不確定性變化和自律神經反應之間關係，也是今後的研究必須透過實驗進行驗證的環節吧。

第 IV 章的統整

　　腦部會形成反映自然界層級性的多層級結構，透過感受器帶來的刺激，進行外界結構或狀態的推論。在自由能原理之中，預測訊號會自各層級中的下游層級輸出，相對應的上游層級則會接受該層級預測訊號的輸入。接下來，各層級之中便會進行預測誤差的計算。透過讓自由能最小化，便能推論外界的層級性屬性。由於推論具有這種多層級結構，因此低階的推論也會受到高階的認知或後設認知資訊的影響。由於低階層的內在感覺預測也會受到高階層中對內在感覺變化原因產生的認知所影響，可見這點與情感二因論非常相像。另一方面，根據自由能原理，改寫預測訊號（信念）不僅能讓能量最小化，還能透過注意或行為來改變輸入訊號本身，藉此達到最小化。前者是屬於知覺的無意識推論，

後者則是屬於主動推論的功效。

　　運動是將採取目標姿勢時的本體感覺，當作（具高精度的）預測訊號自運動區輸出，並使用末梢的反射弧來達成目標運動。此時為了避免反饋訊號讓預測訊號遭到修正，必須要抑制預測誤差、或者是提高預測訊號相對的精度。另一方面，肌肉的狀態也會時時刻刻地被傳送至體感覺。

　　完全相同的是，在內臟運動的情況之中，內在感覺的預測訊號會自前扣帶迴這項內臟運動皮質輸出，並經由下視丘傳送至體內平衡反射弧。接下來，如同上述的自主運動，一般認為，為了讓預測訊號不被上行性的預測誤差所修正，身體便會開始抑制預測誤差。這項抑制是透過催產素活化 GABA 的抑制效果而得以達成。

　　鏡像神經元雖然會在執行運動時，受到上述感官抑制的影響，但在觀察他人行為時，感官預測訊號會受到修正，進而知覺、認知到觀察的行為。另一方面，由於在觀察期間，本體感覺的精度會非常低甚至根本不存在，因此預測訊號不會產生更新，自然就不會引發運動模仿行為。

　　自我主體感主要是由外在感覺的預測訊號所打造，而打造自我存在感的主要成分則是內在感覺的預測訊號。但是，自我主體感與自我存在感的網絡之間也具有相互作用。知覺或認知也是透過各式各樣的感官之間的相互作用而打造出來的。

【參考 1】自由能與 KL 散度

我們雖然在 II-5. 中 Further Study 2 的定義式中使用了 log，但在一般情況會使用自然對數 $\log_e x (= \ln \chi)$。

$$KL(q(\varphi)||p(\varphi|u)) = \int q(\varphi) \ln \frac{q(\varphi)}{p(\varphi|u)} d\varphi$$

只要運用 $p(\varphi|u)=p(\varphi,u)/p(u)$ 針對上式進行移項，便能得到：

$$KL(q(\varphi)||p(\varphi|u)) = \int q(\varphi) \ln \frac{q(\varphi)}{p(u,\varphi)} d\varphi + \int q(\varphi) d\varphi \ln p(u)$$

由於此處 $\int q(\varphi) d\varphi = 1$ 成立，因此我們能得到：

$$KL(q(\varphi)||p(\varphi|u)) = \int q(\varphi) \ln \frac{q(\varphi)}{p(u,\varphi)} d\varphi + \ln p(u)$$

等式右方的第 1 項等同於亥姆霍茲的自由能 F 一式，第 2 項則是與 q(φ) 無關的項，同時也是 p(u) 的（負）意外。

只要運用 $F = \int q(\varphi) \ln \frac{q(\varphi)}{p(u,\varphi)} d\varphi$ 改寫上式，就能寫作：

$$KL(q(\varphi)||p(\varphi|u)) = F + \ln p(u) \quad (1)$$

另外，亥姆霍茲的自由能則是：

$$\begin{aligned} F &= \int q(\varphi) \ln \frac{q(\varphi)}{p(u,\varphi)} d\varphi \\ &= -\int q(\varphi) \ln p(u,\varphi) d\varphi + \int q(\varphi) \ln q(\varphi) d\varphi \quad (2) \\ &= （內部能量）-（熵） \end{aligned}$$

也就是說，我們可以得知亥姆霍茲的自由能，就是從系統內部減去熵之後的結果。此外，若從關於 $q(\varphi)$ 的期待值的觀點來看，我們也能將自由能寫作：

$$F = -\langle \ln p(u, \phi) \rangle_q + \langle \ln q(\phi) \rangle_q \tag{3}$$

只要將 (1) 式進行移項處理，就能將該式寫作：

$$F = KL(q(\varphi) \| p(\varphi | u)) - \ln p(u) \tag{4}$$

(4) 式之中只有第 1 項是 φ 的函數，而若要讓 F 最小化，便意味著必須求得能讓這項 KL 最小化的 $q(\varphi)$。這便是亥姆霍茲無意識推論想要表達的計算理論。接下來，只要將 (4) 式中第 2 項之中透過函數改寫 u 得到的 $-\ln p(u)$ 這項意外最小化，便能夠讓自由能最小化。在運用最值得期待的感覺當範本的這層意義上，我們能透過改變 u 本身，來依據行動或注意的不同而做出因應。這就是所謂的主動推論。

【參考 2】預測訊號的更新式

若將預測誤差的更新量設為 Δ，便能記述為：

Δ 預測訊號 ～ 精度・PE

PE 是預測誤差的大小。具體來說，預測訊號是和先驗機率相對應，感官訊號則是和條件機率相對應，因此我們會令先驗機

率的平均值為 $\mu_{先驗}$。此外，我們會分別令兩者的精度為 $\pi_{先驗}$，$\pi_{條件}$；令後驗機率的平均值為 $\mu_{後驗}$。由於只要用精度累加預測誤差，就能更新後驗機率的平均值，因此可以寫作：

$$\mu_{後驗} = \mu_{先驗} + \frac{\pi_{條件}}{\pi_{條件} + \pi_{先驗}} \cdot PE$$

該式的意思是「在感官訊號的精度極差（$\pi_{條件}$很小）的情況下，預測訊號就不會受到更新。此外，當預測訊號精度夠高（$\pi_{先驗}$夠大）時，預測訊號也不會受到更新。」

另一方面，在預測訊號精度較低的情況之中，預測誤差 PE 的權重就會朝 1 靠近，因此我們可以得知預測訊號會受感官訊號大幅左右。我們在本章之中說明了思覺失調症的被控制妄想，是因預測訊號的阻礙而產生的。一般來說，思覺失調症的預測訊號相當微弱，因此患者會在進行知覺時，將外在感覺當成是非常重要的參考依據（如 Synofzik et al., 2010）。由於在預測訊號精度低的情形之中，對感官訊號的依賴程度也會變高，因此我們能夠很自然地說明這種現象。此外，研究者將自閉症之中預測訊號微弱的現象稱作「低先驗機率（hypo-prior）」，這也能說明為何自閉症患者的知覺會照本宣科地重現感官狀態等現象（Pellicano & Burr, 2012）。

附錄 亥姆霍茲簡史

業績概要

赫爾曼‧馮‧亥姆霍茲 (Hermann von Helmholtz) 生於 1821 年，至 73 歲為止接連發表出豐碩的研究成果（表附 -1）。他在 1847 年出版能量守恆定律的論文，在 1850 年測量神經的傳導速度。在這個時間點，一般認為神經訊號的傳導速度大約和光速一樣快，而亥姆霍茲則是成功地實際測量訊號的傳導速度。雖然最初測量出的速度比現在所知的速度稍慢，但透過反覆的改良，他所測出的傳導速度數值幾乎已和現在相差無幾。

表附 -1 亥姆霍茲（1821-1894）的業績

1847 年	出版能量守恆定律的論文
1850 年	測量神經傳導速度
1851 年	發明檢眼鏡、眼膜曲率鏡
1856 年 1860 年 1866 年	出版《生理光學指南》 （第一冊：生理光學，第二冊：視覺生理學，第三冊：視知覺）
1858 年	楊格—亥姆霍茲理論
1861 年	根據生理學的背景基礎，發表關於聲音感官的音樂理論
1867 年	統整共三冊的《生理光學指南》

　　他在 1851 年成功地開發出檢眼鏡（Ophthalmoscope，將光線射入瞳孔，藉以觀察眼底的道具）。這是第一個能觀看身體內部的技術，也造就了現在的內視鏡手術，這更是為眼科帶來進展。此外，他也在同一年讓眼膜曲率鏡（Ophthalmometer，測量眼角膜表面的曲率半徑或亂視度數）問世。在 1856 年、1860 年、1866 年他發行了《生理光學指南》（全三冊），這些著作也為其後的視覺心理學及視覺生理學帶來莫大的影響。此外，他在 1858 年提出「楊格 - 亥姆霍茲理論」(Young-Helmholtz theory) 這項有關色覺的理論，也就是所謂的三原色學說。這便是神經編碼中的總體編碼 (population coding) 最早的理論。之後，他從事聽覺的研究，提出聲音的頻率是透過耳蝸的基底膜區域進行編碼的劃時代理論，其後還發表了音樂理論。

　　亥姆霍茲所發行的《生理光學指南》是自 1856 年開始依序刊載，那時日本正處於幕府末期，能在這個時代達成後述的卓越研究，實在是非常令人驚訝。

亥姆霍茲的思想與人物像

　　亥姆霍茲對於研究抱持的看法如下：「今日自然科學與哲學 —— 尤其是康德哲學 —— 必須更為緊密地攜手合作。」、「我們也應該在生理學的研究上效法伯伊斯・雷蒙（du Bois-Reymond）等人，排除生命力這種極為含糊的概念，追求精密的

數理法則。」(菅井，1961)。

　　另一方面，儘管他是提出多數耀眼成果的天才，也會針對對外發表的講座進行紮實的準備，但他不會針對學生的授課進行充分準備，時常在講課中拖延磨蹭 (Wade, 1994)。馬克斯・普朗克曾做出下列記述：「亥姆霍茲在前來時並不會先做好準備，總是在話題中停頓，翻找寫在小冊子中的數據資料，毫不歇息地在黑板上計算，讓人不禁認為他自己也和我們一樣，對這門課感到無趣。也因此，聽課學生陸續走出，最後就只剩下我和未來的天文學家魯道夫・雷曼尼菲勒斯這名朋友的兩人而已。」(Planck, 1958 ; Hermann, 1973)

　　此外，據說亥姆霍茲是就算在眾人齊聚歡聲談笑的派對中，也會坐在角落默默冥想的人，哲學家井上哲次郎老師在柏林的晚宴中，向旁人詢問「那個坐在角落的人是誰呢？」，結果對方告

附一1 由雷默書店發行的能量守恆定律論文

訴他「那就是知名的物理學家亥姆霍茲老師。」（井上，1991）

能量守恆定律

　　亥姆霍茲第一個耀眼的研究成果便是「能量守恆定律」。這便是本書介紹的各種理論的基礎法則。由於該論文並未被權威雜誌（Annals of Physics & Chemistry）收錄，因此在 1847 年透過雷默書店私下發行（Wade, 1994）（圖附 -1）。據說就連波根多夫這個知名物理學家，也在這個權威學術雜誌之中擔任編輯長達 52 年之久。波根多夫在心理學領域中以「波根多夫錯覺」（圖附 -2）而為人所知，不過他在本業物理學中「檢流計」的相關研究也非常知名。

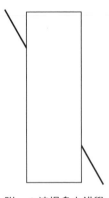

附 —2 波根多夫錯覺

關於本論文，有著〈關於力學守恆的物理學論述〉（日文原文「力の保存についての物理学的論述」）的日文譯本（記載於湯川秀樹老師與井上健老師的書中，譯者為高林武彥老師）。這是雷默書店將柏林物理學會中集會的演講內容出版成書，標題不是「能量」守恆，而是採用 Kraft 這個單詞來代表「力學」守恆。他們證明了「力」與「張力」（現在的用語為動能與位能）的和，會藉由運動的時間經過而趨於定值。其實在當時，能量這個單詞尚未普及，聽說那時候的動能被稱作「活力」，而代表潛在性的力的位能則稱作「潛力」。因此本論文的直譯才會是「力學守恆」。

1847 年的這篇〈關於力學守恆的物理學論述〉，便是讓修習醫學並擔任軍醫的亥姆霍茲化身成為物理學家的契機。此外，這也讓亥姆霍茲對感覺及知覺做出區分，認為知覺是透過推理感覺產生原因的事件才能夠獲得的。他還認為在所有知識形成之前，都必須先有規定該作用的基礎因果關係。由於這個立場，讓亥姆霍茲會透過數學及自然科學（尤其是物理學）奠定理論基礎，並強力主張世上存在著一種能通用於任何時候的力（能量），而我們則應該將自然現象當作是具備這種力的物質的運動。

《生理光學指南》的發行

1860 年，亥姆霍茲在《生理光學指南》(*Handbuch der Phyisologischen Optik*)（圖附 -3）的第二冊提倡後來以楊格 - 亥姆霍茲理論聞名的假說。雖然這也包含了關於色覺的實驗資料及楊格的理論，但亥姆霍茲卻將此視為資訊表達形式的大哉問。他所提倡的獨特概念，便是假定有三種（即是對應到今日的錐狀細胞）波長吸收特性相異的通道。而這三種通道並非是相互獨立，純粹是在接收到紅光的情況下對紅色敏感度佳的通道便會大幅活躍，另外兩者則幾乎不會產生活躍。但是在接收到黃光的情況下，對紅色敏感度佳及對綠色敏感度佳的通道便會產生幾乎相同程度的活躍，而對紫光敏感度佳的通道則是幾乎不會產生活躍。

附 —3《生理光學指南》的封面

　　透過這樣的組合配對，便能呈現出該項資訊。據說這便是現在神經編碼手法中廣為人知的總體編碼的第一個基礎雛型（圖附 -4）。

預測誤差的起源

　　1867 年，亥姆霍茲開始抱持「為何即便移動眼睛，世界看起來仍會是靜止的」這項疑問。當時亥姆霍茲的助手馮特（Wilhelm Wundt，在萊比錫大學開設全世界第一個實驗心理學研究室）也和亥姆霍茲一樣，強調運動指令訊號中的附帶釋放（corollary discharge，又稱感知回饋）極為重要。而且，在亥姆

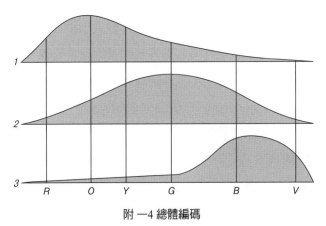

附 —4 總體編碼

註：1 是對紅色敏感度最高的細胞、2 是對綠色敏感度最高的細胞。3 是現在的藍色錐狀細胞，而亥姆霍茲則是將其記載為對紫色敏感度最高的細胞。

出處：Helmholtz (1860)

霍茲的《生理光學指南》第三冊之中，更記載著亥姆霍茲麻醉自身眼肌，在試圖移動眼球時，理應看似靜止的世界影像卻看起來像是有在移動的報告。亥姆霍茲甚至表示，當使用外力讓眼球被動性地移動時，看起來就會像是整體視野都一同移動一般，可見這項安定性是透過意志的「力」而形成的。

在此之後，因神經振盪的研究而聞名的馮・霍爾斯特，提出了兩項基本原理。第一項稱作絕對協調狀態，即神經振盪具有維持安定節奏的傾向；另一項則稱作磁吸現象（Magnet effect）（von Holst & Mittelstaedt, 1950）。本論文實際詳細地探討了視野安定性的問題。首先，刺激的輸入能分流為自行形成的自傳入（reafferent）求心性[1]輸入與外在發生的外傳入（exafferent）求心性輸入，而這種現象便是自傳入輸入原理。舉例來說，移動眼球而產生的網膜影像變化，便是自傳入輸入。另一方面，位於眼前的蟲做出的移動就是外傳入輸入。前者的自傳入輸入，是指我們能透過眼球運動的控制訊號來進行預測。也就是說，若是能透過由上而下（Top-down）的預測來取消（抑制）來自末梢的求心性訊號，則該訊號便是自傳入求心性訊號。也就是說，只要能夠抑制自傳入求心性訊號，網膜影像便不會移動，藉此獲得穩定不變的視野。馬汀已將本論文翻譯為英語並出版（von Holst, 1973）。這項思維更進一步發展出本書介紹的預測及預測誤差的

---

1. 譯註：又稱知覺性。

概念，而它們則是成為弗里斯頓的自由能原理這項統一理論的基礎。

歸納推論的重要性

亥姆霍茲在 1862 年海德堡大學的紀念演講「關於自然科學對整體科學的關係」之中，深入地論述歸納推論的重要性。為了能夠如同之前所述地進行規納推論，先驗機率及條件機率（似然度）的知識是不可或缺的。實際上，我們尚未釐清在進行高度認知任務時，腦內是如何進行歸納推論的。舉例來說，我們能夠輕易地從他人的行動，推論出他人所想的行動目標等。但這必須在實際看到某項行動時，立即提取出先驗機率及條件機率的知識，才有辦法達成本書所述的自由能最小化。我們需要能立即提取並讀取出待解問題所需的記憶資訊的機制，才有辦法達到這個目的。

亥姆霍茲在演講之中發表了下述內容：「這需要在任何情況都能立即找出類似於事物本質的能力，且必須對人類的內心活動抱有敏銳、豐富而乾淨俐落的直觀能力。然而，若是沒有抱持某種溫暖的情感，以及某種對他人精神狀態的強烈興趣，終究是無法得到這種直觀能力吧。」

而且，亥姆霍茲還表示：「當我們觀察到與過去觀察得知的某人行動類似的情況時，就會和其他做出類似行動的每一個人進

行比較，對其將來的行動結果訂下結論。」接著，他並鼓吹歸納推論在心理學中的重要地位：「這種歸納法在人類生活之中發揮極為廣泛的功用。組成我們感官知覺的一切，都是奠基於這種歸納法。（中略）而與此相同的歸納法，也實際在各種心理現象之中扮演主要的關鍵角色。」

【附記】本節的亥姆霍茲語錄是引用自下列文獻。
三好助三郎（訳）世界の大思想全集　社会・宗教・科学思想篇 34.
河出書房新社 , pp. 28-46

point 的統整

<table>
<tr><td>point 1</td><td>情感能用二維的形式來呈現。</td></tr>
<tr><td>point 2</td><td>情緒是生理反應，情感則是伴隨情緒而來的主觀意識體驗。</td></tr>
<tr><td>point 3</td><td>自律神經是能自動控制內臟的運動神經。</td></tr>
<tr><td>point 4</td><td>透過自律神經的訊號，便能進而控制內臟的活動或引發行為。</td></tr>
<tr><td>point 5</td><td>自律神經的功用，也包含將內臟的變化情形反饋至中樞。</td></tr>
<tr><td>point 6</td><td>情感是由自律神經反應與推論出的原因而定。</td></tr>
<tr><td>point 7</td><td>前島葉的運作能使我們意識到擁有身體的自我。</td></tr>
<tr><td>point 8</td><td>眼窩額葉皮質能夠認知客體所被賦予的價值。</td></tr>
<tr><td>point 9</td><td>透過基底核通路，便能進行酬賞預測誤差與魅力程度的評估，因應脈絡決定出恰當的行為並付諸實行。</td></tr>
<tr><td>point 10</td><td>多巴胺（神經調節物質）能促進學習。</td></tr>
<tr><td>point 11</td><td>我們看見的世界，是腦部透過視網膜影像推論得到的結果。</td></tr>
<tr><td>point 12</td><td>藉由預測誤差的最小化，便能透過視網膜影像推論出外界結構及狀態。</td></tr>
<tr><td>point 13</td><td>腦部會在運動時，自動地預測其結果。</td></tr>
<tr><td>point 14</td><td>情緒訊號的預測訊號是決定情感的重要主因。</td></tr>
<tr><td>point 15</td><td>一時性自我是由自我主體感、自我所有感和自我存在感所組成。</td></tr>
<tr><td>point 16</td><td>人類會對貝氏意外較大的地方付諸注意。</td></tr>
<tr><td>point 17</td><td>求出最大的後驗機率（＝先驗機率和條件機率的乘積比率），就是去尋找被認為是最常發生的原因。</td></tr>
<tr><td>point 18</td><td>將注意力朝向某方，便是在提升感官訊號與內在訊號的精度。</td></tr>
</table>

point 19　α型干擾素會導致伏隔核多巴胺的下降及活動低迷。
這與快感的消失、抑鬱、疲勞具有相關關係。

point 20　腦島會讓我們感到疲勞，而前扣帶迴則是會造成意欲的低迷。

point 21　憂鬱症的本質是「炎症」。

point 22　前扣帶迴膝下區（sgACC）的活動，便是與憂鬱症相關的標記。

point 23　在紋狀體及腹內側前額葉皮質的多巴胺反應會提升動機，腦島的
多巴胺反應則是會讓動機降低。

point 24　前島葉是內在訊號及預測訊號的比較器。

point 25　催產素能讓 GABA 從胎兒期時的興奮性轉變為出生後的抑制性。

point 26　透過催產素的抑制，便能進而促進趨近行為。

point 27　不確實性、共變偏差、不耐性皆和腦島及前扣帶迴的活躍程度
有所關連。

point 28　在愛荷華賭博作業之中，就算無法意識到卡堆的優劣，但研究者
仍能在抽取較差卡堆的前一刻觀察到末梢的自律神經反應。

point 29　透過由各式各樣的原因（顏色、照明光線、物體形狀等）而產生
的網膜影像，進行其形成原因的推論，便是視覺的功能。

point 30　腦部的層級構造反映出外界資訊的層級構造，能夠同時並進地解
開多項屬性的問題。

point 31　知覺與認知之間並沒有界線。一切的處理都是密不可分的相互作
用。

point 32　自運動區傳達至肌肉的並不是運動指令訊號，而是目標姿勢的
本體感覺。

point 33　腦內不會對知覺及運動做出區別。

point 34　在主動推論之中，我們會透過將注意朝向預期事物、接近預期事
物，進而讓自由能減少。

參考文獻

- Adolphs, R., Tranel, D., & Damasio. A. R. (1998) The human amygdala in social judgment. *Nature,* **393,** 470-474.
- Amaral, D. G., & Price, J. L. (1984) Amygdalo- cortical projections in the monkey (Macaca fascicularis). *The Journal of Comparative Neurology,* **230,** 465-496. doi: 10. 1002/cne. 902300402.
- Amaral, D. G., Price. J. L., Pitkänen, A., & Carmichael, S. T. (1992) "Anatomical organization of the primate amygdaloid complex." in J. P. Aggleton(Ed) . *The Amygdala : Neurobiological Aspects of Emotion,Memory and Mental Dysfunction,* 1-66, New York : Wiley-Liss.
- American Psychiatric Association. (2013). *Diagnostic and Statistical Manual of Mental Disorders : 5th E*d. Arlington : American Psychiatric Association.
- Assaf, M., Jagannathan, K., Calhoun, V. D., Miller. L., Stevens, M. C., Sahl, R., O'Boyle, J. G., Schultz, R. T., & Pearlson G. D. (2010) Abnormal functional connectivity of default mode sub-networks in autism spectrum disorder patients. *Neuroimage,* **53,** 247-256.
- Avery, J. A., Drevets, W. C., Moseman, S. E., Bodurka, J., Barcalow. J.C., & Simmons, W. K. (2014) Major depressive disorder is associated with abnormal interoceptive activity and functional connectivity in the insula. *Biological Psychology,* **76,** 258-266.
- Banks, S. J., Eddy, K. T., Angstadt, M., Nathan, P. J., & Phan, K. L. (2007) Amygdala-frontal connectivity during emotion regulation. *Social Cognitive and Affective Neuroscience, 2,* 303-312.
- Barrett, L. F., Gross, J., Christensen, T. C., & Benvenuto. M. (2001) Knowing what you're feeling and knowing what to do about it: mapping the relation between emotion differentiation and emotion regulation. *Cognition and Emotion,* **15,** 713-724.
- Barrett, L. F., & Simmons, W. K. (2015) Interoceptive predictions in the brain. *Nature Reviews Neuroscience,* **16,** 419-429.
- Barrett, L. F., Quigley, K. S., & Hamilton, P. (2016) An active inference theory of allostasis and interoception in depression. *Philosophical transactions of the Royal Society of London. Series B, Biological sciences,* **371.** doi: 10. 1098/rstb. 2016. 0011.
- Barrow, H. G., & Tenenbaum, J. M. (1981) Interpreting line drawings as three-dimensional surfaces. *Artificial Intelligence,* **17,** 75-116.
- Bartra. O., McGuire. J. T., & Kable. J. W. (2013) The valuation system: a coordinate-based meta-analysis of BOLD fMRI experiments examining neural correlates of subjective value. *NeuroImage,* **76,** 412- 427.
- Baur, V., Hänggi. J., Langer, N., & Jäncke, L. (2013) Resting-state functional and structural connectivity within an insula-amygdala route specifically index state and

trait anxiety. *Biological Psychiatry.* **73,** 85- 92.
- Bear, M. F., & Singer, W. (1986) Modulation of visual cortical plasticity by acetylcholine and noradrenaline. *Nature,* **320,** 172-176. doi : 10. 1038/320172a0.
- Bechara, A., Damasio, H., Tranel, D., & Damasio, A. R. (1997) Deciding advantageously before knowing the advantageous strategy. *Science,* **275,** 1293-1295.
- Berkes, P., Orbán, G., Lengyel, M., & Fiser, J. (2011) Spontaneous cortical activity reveals hallmarks of an optimal internal model of the environment. *Science,* **331,** 83-87.
- Blakemore, S. J., Oakley, D. A., & Frith, C. D. (2003) Delusions of alien control in the normal brain. *Neuropsychologia,* **41,** 1058-1067.
- Brewer, R., Cook, R., & Bird, G. (2016) Alexithymia: a general deficit of interoception. *Royal Society Open Scirnce,* **3,** 1-9.
- Brodmann, K. (1905) Beiträge zur histologischen lokalisation der grosshirnrinde. *Journal für Psychologie und Neurologie,* Band IV, Heft 5/6, 177-226.
- Brodmann, K. (1908) Beiträge zur histologischen lokalisation der Großhirnrinde. *Journal für Psychologie und Neurologie,* **10**(6), 231-246.
- Cahill, L., & McGaugh, J. L. (1998) Mechanisms of emotional arousal andlasting declarative memory. *Trends in Neurosciences.* **21,** 294-299.
- Capuron, L., Pagnoni, G., Drake, D. F., Woolwine, B. J., Spivey, J. R., Crowe, R. J., Votaw, J. R., Goodman, M. M., & Miller, A. H. (2012) Doparninergic mechanisms of reduced basal ganglia responses to hedonic reward during interferon alfa administration. *Archives of General Psychiatry.* **69,** 1044-1053.
- Carr, L., Iacoboni, M., Dubeau, M. C., Mazziotta, J. C., & Lenzi, G. L. (2003) Neural mechanisms of empathy in humans : A relay from neural systems for imitation to limbic areas. *Processing of the National Academy of Sciences,* **100**(9). 5497-5502.
- Cooper, L. M., & Bear, M. F. (2012) The BCM theory of synapse modification at 30 : interaction of theory with experiment. *Nature Review,* **13,** 798-810.
- Craig, A. D. (2009a) Emotional moments across time : a possible neural basis for time perception in the anterior insula. *Philosophical Transactions of the Royal Society of London. Series B, Biological sciences,* **364.**1933-1942.
- Craig, A. D. (2009b) How do you feel - now? The anterior insula and human awareness. *Nature Reviews Neuroscience,* **10,** 59- 70.
- Crawford, H. J., Gur, R. C., Skolnick, B., Gur, R. E., & Benson, D. M. (1993) Effects of hypnosis on regional cerebral blood flow during ischemic pain with and without suggested hypnotic analgesia. *International Journal of Psychophysiology,* **15,** 181-195.
- Critchley, H. D., Eccles, J., & Garfinkel, S. N. (2013a) Interaction between Cognition, emotion, and the autonomic nervous system. *Handbook of Clinical Neurology,* **117,** 59-77.
- Critchley, H. D. & Harrison, N. A. (2013) Visceral influences on brain and behavior. *Neuron,* **77,** 624- 638.

- Critchley, H. D., Mathias, C. J. & Dolan, R. J. (2002) Fear conditioning in humans: the influence of awareness and autonomic arousal on functional neuroanatomy. *Neuron*, **33**, 653-663.
- Critchley, H. D., Wiens, S., Rotshtein, P., Öhman, A., & Dolan, R. J. (2004) Neural systems supporting interoceptive awareness. *Nature Neuroscience*, **7**, 189-195.
- Critchley, H., & Seth, A. (2012) Will studies of macaque insula reveal the neural mechanisms of self-awareness? *Neuron*, **74**, 423-426.
- Damasio, A. R. (1994) Descartes' Error: Emotion, Reason and the Human Brain. New York: Avon Books.（ダマシオ，A. R. 田中三彦（訳）(2000) 生存する脳――心と脳と身体の神秘. 講談社.）
- Damasio, A. R. (2003) Looking for Spinoza: Joy, Sorrow, and the feeling Brain. London: William Heinemann.（ダマシオ，A. R. 田中三彦（訳）(2005) 感じる脳――情動と感情の脳科学よみがえるスピノザ. 講談社.）
- Damasio, A. R. (1996) The somatic marker hypothesis and the possible functions of the prefrontal cortex. Philosophical Transactions of the Royal Society of London. Series B, *Biological Sciences*, **351**, 1413-1420.
- Damasio, A. R. (1999) *The Feeling of What Happens: Body and Emotion in the Making of Consciousness.* New York: Harcourt Inc.（ダマシオ，A. R. 田中三彦（訳）(2003) 無意識の脳 自己意識の脳――身体の情動と感情の神秘. 講談社.）
- Damasio, A. R., Grabowski, T. J., Bechara, A., Damasio, H., Ponto, L. L. B., Parvizi, J., & Hichwa, R. D. (2000) Subcortical and cortical brain activity during the feeling of self-generated emotions. *Nature Neuroscience,* **3**, 1049-1056.
- Damasio, A. R., & Carvalho, G. B. (2013) The nature of feelings: evolutionary and neurobiological origins. *Nature Reviews Neuroscience*, **142**, 143-152.
- Dantzer, R., Heijnen, C. J., Kavelaars, A., Laye, S., & Capuron, L. (2014) The neuroimmune basis of fatigue. *Trends in Neurosciences*, **37**, 39-46.
- Devensky, O., & D'Esposito, M. (2004) Neurology of cognitive and behaviorral disorders. New York: Oxford University Press.
- Di Pellegrino. G., Fadiga, L., Fogassi, L., Gallese, V., & Rizzolatti, G. (1992) Understading motor events:a neurophysioligical study. *Experimental Brain Reseach,* **91**, 176-180.
- Dranias, M. R., Grossberg, S., & Bullock, D. (2008) Dopaminergic and non-dopaminergic value systems in conditioning and outcome-specific revaluation. *Brain Research*, **1238,** 239-287.
- Dunn, B, D., Galton. H. C., Morgan, R., Evans, D., Oliver, C., Meyer, M., Cusack, R., Lawrence, A. D., & Dalgleish, T. (2010) Listening to your heart. How interoception shapes emotion experience and intuitive decision making. *Psychological Science,* **21**, 1835-1844.
- Dutton, D. G., & Aron, A. P. (1974) Some evidence for heightened sexual attraction under conditions of high anxiety. *Journal of Personality and Social Psychology.* **30**, 510-517.
- Ekman, P., Levenson, R. W., & Friesen, W. V. (1983) Autonomic nervous system

activity distinguishes among emotions. *Science*, **221**, 1208-1210.

- Etkin, A., & Wager, T. D. (2007) Functional neuroimaging of anxiety: a meta-analysis of emotional processing in PTSD, social anxiety disorder, and specific phobia. *The American journal of psychiatry*, **164**, 1476-1488.
- Feder, A., Nestler, E. J., & Charney, D. S. (2009) Psychobiology and molecular genetics of resilience. *Nature Reviews Neuroscience*, **10**, 446-457.
- Fagiolini, M., & Hensch, T. K. (2000) Inhibitory threshold for critical-period activation in primary visual cortex. *Nature*, **404**, 183-186.
- Feldman, H., & Friston, K. J. (2010) Attention, uncertainty, and free-energy. *Frontiers in Human Neuroscience*, **4**, 1-23.
- Fredrickson, B. L., & Branigan, C. (2005) Positive emotions broaden the scope of attention and thought-action repertoires. *Cognition & Emotion*, **19**, 313-332.
- Friston, K, (2005) A theory of cortical responses. Philosophical Transaction B. *Biological Sciences*, **360**, 815-836.
- Friston, K. (2010) The free-energy principle: a unified brain theory? *Nature Review Neuroscience,* **11,** 127-138.
- Friston, K., Mattout. J., & Kilner, J. (2011) Action understanding and active inference. *Biological Cybertics,* **104,** 137-160.
- Frith, C. D., Blakemore, S. J., & Wolpert, D. M. (2000) Abnormalities in the awareness and control of action. Philosophical Transactions. *Biological Sciences,* **355**, 1404, 1771- 1788.
- Gaigg, S. B., Cornell. A., & Bird. G. (2018) The psychophysiological mechanisms of alexithymia in autism spectrum disorder. Autism **22**, 227-231.
- Gallagher, S. (2000) Philosophical conceptions of the self: implications for cognitive science. *Trends in Cognitive Sciences,* **4**(1), 14-21.
- Garfinkel, S. N., Minati, L., Gray. M. A., Seth, A. K., Dolan, R. J., & Critchley. H. D. (2014) Fear from the heart: sensitivity to fear stimuli depends on individual heartbeats. *The Journal of Neuroscience*, **34**, 6573-6582.
- Garfinkel, S. N., Tiley, C., O'Keeffe, S., Harrison, N. A., Seth. A. K., & Critchley, H. D. (2016) Discrepancies between dimensions of interoception in autism: Implications for emotion and anxiety. *Biological Psychology,* **114**, 117-126.
- Goodkind, M., Eickhoff, S. B., Oathes, D. J., Jiang, Y., Chang, A., Jones-Haga-ta, L. B., Ortega. B. N., Zaiko, Y. V., Roach, E. L., Korgaonkar, M. S., Grieve. S. M., Galatzer-Levy, I., Fox. P. T., & Etkin, A. (2015) Identification of a common neurobiological substrate for mental illness. *JAMA Psychiatry,* **72**, 305- 315.
- Grabenhorst, F., & Rolls. E. T. (2011) Value, pleasure and choice in the ventral prefrontal cortex. *Trends in Cognitive Sciences.* **15**, 56-67.
- Gray, M. A., Beacher, F. D., Minati, L., Nagai, Y., Kemp. A. H., Harrison. N. A., & Critchley, H. D. (2012) Emotional appraisal is influenced by cardiac afferent information. *Emotion,* **12**, 180- 191.
- Gray, M. A., Harrison. M. A., Wiens, S., & Critchley. H. D. (2007) Modulation of emotional appraisal by physiological feedback during fMRI. *PLoSONE.* **2**, e546.

- Graziano, M. (2006) The organization of behavioral repertoire in motor contex. *Annual Review of Neuroscience,* **29,** 105-134.
- Grèzes, J., Wicker. B., Berthoz. S., & de Gelder, B. (2009) A failure to grasp the affective meaning of actions in autism spectrum disorder subjects. *Neuropsychologia.* **47,** 1816-1825. doi: 10. 1016/j. neuropsychologia. 2009. 02. 021.
- Gu, X., & FitzGerald, T. H. (2014) Interoceptive inference: homeostasis and decision-making. *Trends in Cognitive Sciences,* **18,** 269- 270.
- Gu, X., Hof, P. R., Friston, K. J., & Fan, J. (2013) Anterior insular cortex and emotional awareness. *The Journal of Comparative Neurology,* **521,** 3371-3388.
- Harrison, N. A., Brydon, L., Walker, C., Gray, M. A., Steptoe, A., & Critchley, H. D. (2009a) Inflammation causes mood changes through alterations in subgenual cingulate activity and mesolimbic connectivity. *Biological Psychiatry,* **66,** 407-414.
- Harrison, N. A., Brydon, L., Walker, C., Gray. M. A., Steptoe, A., Dolan, R. J., & Critchley, H. D. (2009b) Neural origins of human sickness in interoceptive responses to inflammation. *Biological Psychiatry,* **66,** 415-422.
- Harrison, N. A., Gray, M. A., Gianaros, P. J., & Critchley, H. D. (2010) The embodiment of emotional feelings in the brain. *The Journal of Neuroscience,* **30,** 12878-12884.
- Harrison, N. A., Voon, V., Cercignani, M., Cooper. E. A., Pessiglione, M., & Critchley, H. D. (2016) A Neurocomputational account of how inflammation enhances sensitivity to punishments versus rewards. *Biological Psychiatry,* **80,** 73-81.
- Helmholtz, H. von (1860) *Handbuch der physiolo1ischen optik, Part II.* Leipzig und Hamburg; L. Vos.
- Helmholtz, H. von (1867) *The Direction of Vision. In Handbuch der Physiologischen Optik, Part III.* Leipzig und Hamburg; L. Vos, 242-281.
- Helmholtz, H. von (1894) Dber den Ursprung der richtigen Deutung unserer Sinneseindrucke. *Zeitscnft für Psychologie und Physiologie der Sinnesorgane,* **7,** 81-96. Translated by Warren, R. M., & Warren, R. P. (1968) The origin of the correct interpretation of our sensory impressions. *Helmholtz on perception: its physiolo and development,* John Wiley & Sons, pp. 240-264.
- Helmholtz, H. von (1909) Popular lectures on scientific subjects. Translated by Atkinson. E. London: Longmans Green.
- Helmholtz, H. von (1916) Beschreibung eines augenspiegels. Translated by Shastid, T. H. The description of an ophthalmoscope. Chicago: CLEVELAND PRESS.
- Helmholtz, H. von (1924) Southall, J. C. (Eds.) Helmholtz's Treatise on Physiological Optics Volume I. The Optical Society of America.
- Helmholtz, H. von (1924) Southall, J. C. (Eds.) Helmholtz's Treatise on Physiological Optics Volume II The Sensations of Vision. The Optical Society of America.
- Helmholtz, H. von (1925) Southall, J. C. (Eds.) Helmholtz's Treatise on Physiological Optics Volume III The Perceptions of Vision. The Optical Society of America.
- ヘルムホルツ , H. von ／三好助三郎（訳）(1862) 自然科学の科学全体に対する関係 について. 世界の大思想全集 社会. 宗教. 科学思想篇 34. 河出書房新社 , pp. 28-46.

- ヘルムホルツ, H. von ／三好助二郎（訳）（1854）自然力の交互作用とそれに関する物理学の最近の業績について. 世界の大思想全集 社会. 宗教. 科学思想篇 34. 河出書房新社. pp. 5-28.
- ヘルムホルツ, H. von ／高林武彦（訳）湯川秀樹. 井上健（編）(1847) 力の保存についての物理学的論述. 世界の名著 65 現代の科学 I. 中央公論社, pp.231-283.
- Herbert, B. M., & Pollatos, O. (2012) The body in the mind: on the relationship between interoception and embodiment. *Topics in Cognitive Science, 4,* 692-704.
- Hermann, A von (1973) *Max Planck In Selbstzeugnissen und Bilddokumenten Dargestellt.* Rowohlt Taschenbuch Verlag GmbH. Reinbek bei Hamburg.（ヘルマン, A. 生井沢寛. 林憲二（訳）(1977) プランクの生涯. 東京図書株式会社.）
- Hogeveen, J., Bird, G., Chaum, A., Krueger, F., & Grafman, J. (2016) Acquired alexithymia following damage to the anterior insula. *Neuropsychologia, 82,* 142-148.
- Holmes, S. E., Hinz, R., Conen, S., Gregory, C. J., Matthews, J. C., Anton-Rodriguez. J. M., Gerhard, A., & Talbot, P. S. (2017) Elevated Translocator Protein in Anterior Cingulate in Major Depression and a Role for Inflammation in Suicidal Thinking: A Positron Emission Tomography Study. *Biological Psychiatry, 83,* 61-69. doi: 10. 1016/j. biopsych. 2017. 08. 005.
- Holst, E. von & Mittelstädt, H. (1950/1973) Das Reafferenzprinzip: Wechselwirkungen zwischen Zentralnerven-system und Peripherie. *Naturwissenschaften, 37,* 464-76. (Original German publication, 1950.) Englishtranslation. 1973: The reaference principle (Interaction between the central nervous system and the periphery). In R. Martin: *The behavioral physiology of animals and man. The selected papers of Erich von Holst (Vol. 1)*, Methuen, London. UK. pp. 139-173.
- 井上清恒 (1991) ヘルムホルツの伝――医学史ものがたり 2 医人の探索, 内田老鶴圃, pp. 142-148.
- 乾 敏郎 (1993) Q&A でわかる脳と視覚――人間からロボットまで. サイエンス社.
- 乾 敏郎 (2013) 脳科学からみる子どもの心の育ち――認知発達のルーツをさぐる. ミネルヴァ書房.
- 乾 敏郎（共著）(2017) 自由エネルギー原理に基づく睡眠と瞑想の統一理論. 鎌田東二（編）心身変容の科学――瞑想の科学. サンガ. pp. 214-234.
- Inui, T. (2013) Toward a unified framework for understanding the various symptoms and etiology of autism and Williams syndrome. *Japanese Psychological Research, 55,* 99 -117.
- Inui, T., Kumagaya, S., & Myowa-Yamakoshi, M. (2017) Neurodevelopmental hypothesis about the etiology of autism spectrum disorders. *Frontiers in Human Neuroscience, 11,* 354. doi: 10. 3389/fnhum. 2017. 00354.
- Joffily, M., & Coricelli, G. (2013) Emotional valence and the free-energy principle. *PLOS Computational Biology, 9,* el003094.
- 川人光男・乾 敏郎 (1990) 視覚大脳皮質の計算理論. 電子情報通信学会情報論文誌, J73-D-II, 1111-1121.
- Keizer, A., Smeets, M. A., Dijkerman, H.C., Uzunbajakau, S. A., van Elburg, A., & Postma, A. (2013) Too Fat to Fit through the Door: First Evidence for Disturbed Body-

Scaled Action in Anorexia Nervosa during Locomotion. *PLoS One,* **8,** e64602. doi: 10.1371/journal. pone. 0064602. Print 2013.

- Kent, S., Bluthé, R. M., Kelley, K. W., & Dantzer, R. (1992) Sickness behavior as a new target for drug development. *Trends in Pharmacological Sciences,* **13,** 24-28.
- Kim, M. J., Loucks, R. A., Palmer, A. L., Brown, A. C., Solomon, K. M., Marchante, A. N., & Whalen, P. J. (2011) The structural and functional connectivity of the amygdala: from normal emotion to pathological anxiety. *Behavioural Brain Research,* **223,** 403-410.
- Kohler, E., Keysers, C., Umiltà, M. A., Fogassi, L., Gallese, V., & Rizzolatti, G. (2002) Hearing sounds, understanding actions: Action representation in mirror neurons. *Science,* **297,** 846-848.
- Levenson, R. W. (2003) Blood, sweat, and fears: The autonomic arch1tecture of emotion, *Annals of the New York Academy of Scienres,* **1000,** 348-366.
- Lewis, M. (2000) The emergence of human emotions. *Handbook of Emotions,* 2nd ed. New York: Guilford Press, pp. 265-280.
- Lhermitte, F., Pillon, B., & Serdaru, M. (1986) Human autonomy and the frontal lobes. Part I: Imitation and utilization behavior: A neuropsychological study of 75 patients. *Annals of Neurology,* **19**(4), 326-334.
- Litt, A., Plassmann, H., Shiv, B., & Rangel, A. (2011) Dissociating valuation and saliency signals during decision-making. *Cerebral Cortex,* **21,** 95-102.
- Lou, H. C., Skewes, J. C., Thomsen, K. R., Overgaard, M., Lau, H. C., Mouridsen, K., & Roepstorff, A. (2011) Dopaminergic stimulation enhances confidence and accuracy in seeing rapidly presented words. *Journal of Visualized Experiments,* **11,** pii: 15. doi: 10. 1167/11. 2. 15.
- 前川亮・乾 敏郎 (2017) 課題情動的な身体状態の変化がアイオワ・ギャンブル課題に及ぼす影響とその個人差, 第 41 回日本神経心理学会学術集会 .
- Milad, M. R., Quinn, B. T., Pitman, R. K., Orr, S. P., Fischl, B.,& Rauch, S. L. (2005) Thickness of ventromedial prefrontal cortex in humans is correlated with extinction memory. *Proceedings of the National Academy of Sciences,* **102,** 10706-10711.
- Mobbs, D., Petrovic, P., Marchant, J. L., Hassabis, D., Weiskopf, N., Seymour, B., Dolan, R. J., & Frith, C. D. (2007) When fear is near: threat imminence elicits prefrontal-periaqueductal gray shifts in humans. *Science,* **317,** 1079-1083.
- Morris, A. L., Cleary, A. M., & Still, M. L. (2008) The role of autonomic arousal in feelings of familiarity. *Consciousness and Cognition,* **17,** 1378-1385.
- Moseley, G. L., Olthof, N., Venema, A., Don, S., Wijers, M., Gallace, A., & Spence, C. (2008) Psychologically induced cooling of a specific body part caused by the illusory ownership of an artificial counterpart. *Proceedings of the National Academy of Sciences of the United States of America,* **105,** 13169-13173.
- Nahab, F. B., Kundu, P., Gallea, C., Kakareka, J., Pursley, R., Pohida, T., Miletta, N., Friedman, J., & Hallett, M. (2011) The neural processes underlying self-agency. *Cerebral Cortex,* **21,** 48-55.
- Nakano, M., Tamura, Y., Yamato, M., Kume, S., Eguchi, A., Takata, K., Watanabe,

Y., & Kataoka, Y. (2017) NG2 glial cells regulate neuroimmunological responses to maintain neuronal function and survival. *Scientific Reports, 7,* 42041. doi: 10. 1038/ srep42041.

- Nili, U., Goldberg, H., Weizman, A., & Dudai, Y. (2010) Fear thou not: activity of frontal and temporal circuits in moments of real-life courage. *Neuron, 66,* 949-962.
- Ochsner, K. N., Ray, R. D., Cooper, J. C., Robertson, E. R., Chopra, S., Gabrieli, J. D., & Gross, J. J. (2004) For better or for worse: neural systems supporting the cognitive down- and up- regulation of negative emotion. *Neuroimage, 23,* 483-499.
- Ogawa, K., Inui, T., & Sugio, T. (2006) Separating brain regions involved in internally guided and visual feedback control of moving effectors: an event-related fMRI study. *Neuroimage, 32*(4), 1760-1770.
- Ogawa, K., & Inui, T. (2007) Lateralization of the posterior parietal cortex for internal monitoring of self-versus externally generated movements. *Journal of Cognitive Neuroscience, 19,* 1827-1835.
- Palaniyappan, L., & Liddle, P. F. (2012) Does the salience network play a cardinal role in psychosis? An emerging hypothesis of insular dysfunction. *Journal of Psychiatry & Neuroscience, 37,* 17-27.
- Paulus, M. P., & Stein, M. B. (2006) An insular view of anxiety. *Biological Psychiatry, 60,* 383-387.
- Pellicano, E., & Burr, D. (2012) When the world becomes 'too real': a Bayesian explanation of autistic perception. Trends in Cognitive Science **16,** 501-510.
- Planck, M. K. E. L. (1958) *Physikalische Abhandlungen und Vorträge.* Braunschweig: Vieweg, **3v,** p. 375.
- Plutchik, R. (2001) The Nature of Emotions-Human emotions have deep evolutionary roots, a fact that may explain their complexity and provide tools for clinical practice. *American Scientist, 89,* 344-350.
- Preuschoff, K., Quartz, S. R., & Bossaerts, P. (2008) Human insula activation reflects risk prediction errors as well as risk. *The Journal of Neuroscience, 28,* 2745-2752.
- Quattrocki, E., & Friston, K. (2014) Autism, oxytocin and interoception. *Neuroscience and Biobehavioral Reviews, 47,* 410-430.
- Raij, T. T., Numminen, J., Närvänen. S., Hiltunen, J., & Hari, R. (2009) Strength of prefrontal activation predicts intensity of suggestion-in-duced pain. *Human Brain Mapping, 30,* 2890-2897.
- Rainvile, P., Hofbauer, R. K., Paus, T., Duncan, G. H., Bushnell. M. C., & Price, D. D. (1999) Cerebral mechanisms of hypnotic induction and suggestion. *Journal of Cognitive Neuroscience, 11,* 110-125.
- Ramachandran, V. S. (2003) *The emerging.* Profile Books Limited. (ラマチャンドラン, V.S. 山下篤子（訳）(2005) 脳のなかの幽霊、ふたたび. 角川書店.)
- Ramsay, D.S., & Woods, S.C. (2014) Clarifying the roles of homeostasis and allostasis in physiological regulation. *Psychological Review, 121,* 225-247.
- Russell, J. A., & Barrett, L. F. (1999) Core affect, prototypical emotional episodes, and other things called emotion: dissecting the elephant. *Journal of Personality and*

Social Psychology, 76, 805-819.

- Saddoris, M. P., Cacciapaglia, F., Wightman, R. M., & Carelli, R. M. (2015) Differential dopamine release dynamics in the nucleus accumbens core and shell reveal complementary signals for error prediction and incentive motivation. *The Journal of Neuroscience, 35,* 11572-11582.
- Sarinopoulos, I., Grupe, D.W., Mackiewicz, K. L., Herrington, J. D., Lor, M., Steege, E. E., & Nitschke, J. B. (2009) Uncertainty during anticipation modulates neural responses to aversion in human insula and amygdala. *Cerebral Cortex, 20,* 929-940.
- 笹岡貴史. 乾 敏郎 (2012) 視点変換・心的回転に関わる脳内基盤の検討：fMRI 研究. 日本認知心理学会第 10 回大会発表論文集.
- Schachter, S., & Singer, J. E. (1962) Cognitive, social, and physiological determinants of emotional state. *Psychological Review, 69,* 379-399.
- Schultz, W., Dayan, P., & Montague, P. R. (1997) A neural substrate of prediction and reward. *Science, 275,* 1593-1599.
- Seth, A. K., & Friston, K. J. (2016) Active interoceptive inference and the emotional brain. *Philosophical Transactions of the Royal Society B, 371,* 0007
- Seth, A. K., Suzuki, K., & Critchley, H. D. (2012) An interoceptive predictive coding model of conscious presence. *Frontiers in Psychology, 2,* 395, (1-16). doi: 10. 3389/fpsyg. 2011. 00395.
- Setiawan, E., Wilson, A. A., Mizrahi, R., Rusjan, P. M., Miler. L., Rajkowska, G., Suridjan, I., Kennedy, J. L., Rekkas, P. V., Houle, S., & Meye, J. H. (2015) Role of translocator protein density, a marker of neuroinflammation, in the brain during major depressive episodes. *JAMA Psychiatry, 72,* 268-275.
- Shah, P., Hall, R., Catmur, C., & Bird. G. (2016) Alexithymia, not autism, is associated with impaired interoception. *Cortex, 81,* 215-220.
- Shipp, S., Adams, R. A., & Friston, K. J. (2013) Reflections on agranular architecture: predictive coding in the motor cortex. *Trends in Neurosciences, 12,* 706-716.
- Silani, G., Bird, G., Brindley, R., Singer, T., Frith, C., & Frith, U. (2008) Levels of emotional awareness and autism: an fMRI study. *Social Neuroscience, 3,* 97-112.
- Simmons, A., Matthews, S. C., Paulus, M. P., & Stein, M. B. (2008) Intolerance of uncertainty correlates with insula activation during affective ambiguity. *Neuroscience Letters, 430,* 92-97.
- Stephan, K, E., Manjaly, Z. M., Mathys, C. D., Weber, L. A., Paliwal, S., Gard, T., Tittgemeyer, M., Fleming, S. M., Haker, H., Seth, A. K., & Petzschner, F. H. (2016) Allostatic self-efficacy: A metacognitive theory of dyshomeostasis-induced fatigue and depression. *Frontiers in Human Neuroscience, 10*: 550. doi: 10. 3389/fnhum. 2016. 00550.
- Sterling, P. (2012) Allostasis: a model of predictive regulation. *Physiology* and *Behavior, 106,* 5-15.
- 菅井純一 (1961) ヘルムホルツ解説. 世界の大思想全集 社会. 宗教. 科学思想篇 34. 河出書房新社 , pp. 275-277.

- Synofzik, M., Their. P., Leube, D. T., Schlotterbeck, P., & Lindner, A. (2010) Misattributions of agency in schizophrenia are based on imprecise predictions about the sensory consequences of one's actions. *Brain,* **133,** 262-271.
- Thayer, J. F., & Lane, R. D. (2009) Claude Bernard and the heart-brain connection: further elaboration of a model of neurovisceral integration. *Neuroscience & Biobehavioral Reviews,* **33,** 81-88.
- Treadway, M. T., Buckholtz, J. W., Cowan, R. L., Woodward, N. D., Li, R., Ansari, M. S., Baldwin, R. M., Schwartzman, A. N., Kessler, R. M., & Zald, D. H. (2012) Dopaminergic mechanisms of individual differences in human effort-based decision-making. *The Journal of Neuroscience,* **32,** 6170-6176.
- Tsakiris, M., Tajadura-Jiménez, A., & Costantini, M. (2011) Just a heartbeat away from one's body: interoceptive sensitivity predicts malleability of body-representations. *Proceedings of the Royal Society B: Biological Sciences,* **278,** 2470-2476.
- Viviani, D., Charlet, A., van den Burg, E., Robinet, C., Hurni, N., Abatis, M., Magara, F., & Stoop, R. (2011) Oxytocin selectively gates fear responses through distinct outputs from the central amygdala. Science, **333,** 104-107.
- Viviani, D., Terrettaz, T., Magara, F., & Stoop, R. (2010) Oxytocin enhances the inhibitory effects of diazepam in the rat central medial amygdala. *Neuropharmacology,* **58,** 62-68.
- Wade, N. J. (1994) Hermann von Helmholtz (1821-1894). *Perception,* **23,** 981-989.
- Wilson-Mendenhall, C. D., Barrett, L. F., & Barsalou, L. W. (2013) Neural evidence that human emotions share core affective properties. *Psycholoical Science,* **24,** 947-956.
- Winslow, J. T., Noble, P. L., Lyons, C. K., Sterk, S. M., & Insel, T. R. (2003) Rearing effects on cerebrospinal fluid oxytocin concentration and social buffering in rhesus monkeys. *Neuropsychopharmacology,* **28,** 910-918.
- Wu, X., Fu, Y., Knott, G., Lu, J., Di Cristo, G., & Huang, Z. J. (2012). GABA signaling promotes synapse elimination and axon pruning in developing cortical inhibitory interneurons. *The Journal of Neuroscience,* **32,** 331-343. doi: 10. 1523/JNEGROSCI. 3189-11. 2012.
- 山添貴志. 前川亮. 朝倉暢彦. 乾 敏郎 (2017) 観察者の生理指標を用いた他者感情価推定の予測モデル. 日本認知心理学会第 15 回大会.
- 湯川秀樹. 井上健 (1973) 十九世紀の科学思想. 湯川秀樹. 井上健（編）世界の名著 65 現代の科学 I. 中央公論社. pp. 5-115.

結語

　　長久以來，情感都被視為是無從捉摸的事物。儘管許久以前，就已有多數研究探討情感對認知與行動造成的影響，也有許多與情感障礙相關得神經心理學、精神醫學研究發表於世，但是，我想幾乎沒有言就能告訴我們情感究竟為何物、情感是基於什麼樣的機制產生的。

　　自 2011 年底至 2013 年 4 月為止，我在密涅瓦書房發行的公關雜誌《究》上，進行了〈追溯人類認知發展的源頭〉的主題連載。這些文章在 2013 年被統整為《透過腦科學的角度理解孩童的內心成長——追溯認知發展的源頭》一書，同由密涅瓦書房出版。該書雖然也有介紹孩童的同理心功能與未滿周歲嬰兒的氣質（temperament）等研究，但未能言及情感本身。

　　任何人都會在研究生涯中，偶然與帶來強烈震撼的書籍或論文相遇。就我來說，大衛‧馬爾（David Marr）於 1982 年出版的《視覺計算理論》（*Vision*）便是其中之一。這本書從心理物理學、腦生理學等廣泛的觀點著眼，探討視覺究竟是為了什麼而存在、為達成目的會進行什麼樣的處理。可想而知，它對之後的視覺心理學、認知科學帶來莫大的影響。而魯梅爾哈特與諾曼（Rumelhart, D. E., & Norman, D. A.）於 1981 年出版的 *Parallel*

Models of Associative Memory（Lawrence Erlbaum Associates）也是本對我意義非凡的著作。

該書的起頭十分令人興奮：「這是本艱深的書。難懂，但又非常重要。若要理解本書，就必須具備數學、神經生理學、計算機科學與心理學的知識。」該書也確實在日後為認知心理學、認知科學與計算機科學帶來莫大的影響。此外，該書所提及的技術，也是現在廣受關注的 AI 的始祖。傑弗里·埃爾曼（Jeffrey Elman）等人於 1996 年出版的 *Rethinking Innateness*（暫譯：《先天論再考》）也是如此。該書的 6 名作者並非分擔執筆章節，而是透過相互議論來完成著作。雖然這點已經為本書帶來極大魅力，不過更重要的是，該書否定了表象層級的先天性，說明各種認知發展的特徵，都能用領域一般性的學習方式來詮釋。

我從 2010 年起開始致力於建立和自閉症發作機制相關的模型，並在不久後開始和東京大學的熊谷晉一郎副教授、京都大學的明和政子教授進行共同研究。這項模型的建立，最終在 2017 年 7 月付梓發表於國際期刊雜誌。在進行這類自閉症的研究之餘，我也漸漸認為不得不思考情感的機制，深刻體認到情感果然是難以捉摸的難解問題。就在那個時候，我和由賽斯經手的 An interoceptive predictive coding model of conscious presence（意識性存在感的內在預測編碼模型）這篇論文相遇。那是在 2012 年的事。這篇論文就像先前我舉出的幾本著作般，也帶給我強烈的衝擊。就連當時我的實驗室進行的自我主體感生成機制、思覺失調症的幻覺與幻想等貝氏模型，都在賽斯將弗里斯頓的自由能原理套用至內在系統，並詳細考察有關其感覺機制的探討範圍之中。

如同本書所述，弗里斯頓的自由能原理是發表於 2005 年左右，雖然我們也對此知曉，但主要還是將它應用於外在系統或行為上。我們並沒有感覺到這和早在 1990 年和川人光男老師一同發表的《視覺大腦皮質的計算理論》有太大的不同，沒有特別關注。透過賽斯的論文，我們才重新認識到自由能原理的重要性。如同本書所述，這些研究的基礎，便是亥姆霍茲的無意識推論。他的觀點則是透過馬爾的書籍進一步發展，進而對思覺失調症的問題等臨床醫學的領域帶來諸多貢獻。而這篇賽斯的論文，則是讓其後的研究者更深刻地體認到，亥姆霍茲的無意識推論的觀點，是弄清情感的重要關鍵。

本書便是基於上述背景，針對情感究竟是基於什麼樣的機制而產生的、以及為何會產生情感障礙等主題，進可能進行簡單易懂的介紹及解說。

最後，本書在執筆之際，曾請託浜松醫科大學孩童心靈發展研究中心的岩渕俊樹老師閱讀原稿，並獲得中肯建議；名古屋大學榮譽教授曾我部正博老師亦從細胞資訊醫學的觀點指點迷津，在此由衷表示感謝。另外，本書在出版的過程中，也多方受到密涅瓦書房的丸山碧先生的幫助，在此致上謝意。

於將軍山的研究室　乾　敏郎

國家圖書館出版品預行編目 (CIP) 資料

情感究竟是什麼？：從現代科學來解開情感機制與障
礙的謎底 / 乾敏郎著；李其融譯 .
-- 初版 . -- 臺北市：遠流 , 2020.04
　　面；　公分 . -- (大眾心理館；A3361)
譯自：感情とはそもそも何なのか：現代科学で読み
解く感情のしくみと障害

ISBN 978-957-32-8737-7(平裝)

1. 感情

176.55　　　　　　　　　　　　109002411

情感

究竟是什麼？

情感
究竟是什麼？

情感

究竟是什麼？

情感
究竟是什麼？